実戦テクニックが身につく!

勝つ! ママさんバレー 上達のポイント50

NPO法人 Club Tom 監修

メイツ出版

Prologue

プロローグ

1人3ポジションで
オールラウンドプレーヤーに!

　一口にママさんバレーといっても、小さいころからバレーを続けている選手や、ママさんになってからはじめる選手もいるなど、経験も技術も様々です。また、長年同じポジションでプレーを続けるので、ポジションを固定してしまう傾向があります。しかし、他のポジションを知ることで、自分のポジションの特性が分かるので、いろいろなポジションやプレーを経験することが、レベルアップにつながります。

　また、実際問題として、急病の子どもを病院に連れていったり、仕事が入ってしまったり、家族の用事があったりと、毎回同じメンバーでプレーできない場合が多いのも、ママさんバレーの特徴です。そういうときに備えるために、1人の選手が最低3ポジションをプレーできるようにしておけば、その状況に応じた多様なフォーメーションを組むことができます。そして、様々なポジションをプレーできるオールラウンドプレーヤーになれれば、プレー機会も増えて、より一層楽しくバレーができます。

　本書を手にした読者が、生涯スポーツとして、ケガをせずエンジョイしながらママさんバレーをプレーしてもらえれば、こんなにうれしいことはありません。

※※本書は2009年発行の
『試合で勝てる!ママさんバレー　上達のポイント50』を元に
加筆・修正を行っています。

実戦テクニックが身につく！

勝つ！
ママさんバレー
上達のポイント50

NPO法人
Club Tom 監修

メイツ出版の
コツがわかる本
STEP UP!

メイツ出版

本書の使い方

本書は最初から読み進めるべき解説書ではありません。各テクニックが見開き完結となっており、みなさんが知りたい、習得したい項目を選び、読み進めることができます。

各テクニックは、それぞれ重要な3つの『ツボ』で構成され、習得のポイントが分かりやすく解説されています。

ポイントが分かるから覚えやすい。覚えやすいから身につけやすい。ぜひママさんバレーの上達に役立ててください。

ポイント
50項目のテクニックを掲載。すべてを自分のものにし、レベルアップを目指してください。

ポイント 01 ▶▶▶ ボールコントロール

選手全員が得点を意識してサーブを打つ

ココが直る サーブを安易に打つことがなくなり、全員が得点を目指すことでチームが強くなる。

サーブは自分のリズムで楽に得点できるプレー

バレーボールにおいて、**いちばん楽に得点し、勝利につなげることができるプレーがサーブ**です。そして、ポジションに関わらず選手全員が平等に得点するチャンスがあります。だれにも邪魔されず自分のリズムで打て、さらに得点できるチャンスが作れます。ママさんバレーのルールは1人2本までサーブが打てるのが特徴。選手全員が得点するという意識をもつことが勝利につながる大きなポイントです。

効くツボ
1. オーバーレシーブできない所へ
2. アンテナ頂上〜白帯の間を狙う
3. ターゲットは常に小さく

ココが直る
そのテクニックを修得することで、何が良くなるのか、修正されるのかがわかります。

本文
掲載しているポイントの概要を紹介しています。テクニックを使用する場面などを整理することができます。

効くツボ
『効くツボ』3つをさらに短く表現。ここさえおさえれば、テクニック習得はもう目前です。

タイトル

具体的なタイトルで、知っておきたいポイントが一目瞭然。どこからでも読み進められます。

効くツボ1・2・3

3つの『ツボ』を詳しく、わかりやすく掲載しています。しっかり身につけ、早い習得を目指してください。

効くツボ 1
オーバーハンドレシーブができない場所へサーブを打つ

弱いサーブでは、オーバーハンドレシーブで簡単にセッターに返されてしまいます。しかし、アンダーハンドレシーブにくらべ、オーバーハンドレシーブができるポイントはとても狭いです。相手を動かし、オーバーハンドレシーブができない場所へサーブを打つことを心がけます。

効くツボ 2
アンテナの頂上から白帯の間のエリアを通過するように

同じスピードでも、天井高くあがるサーブとネットぎりぎりを飛んでくるようなサーブでは、レシーバーの体感速度が変わります。速いボールに対応しようとすると、あせってミスをする確率も高まります。アンテナの頂上から白帯までのエリアを通過するようなサーブを狙います。

効くツボ 3
狙うターゲットは常に小さくそして相手に気づかれないこと

右のコーナーを狙う場合、ターゲットはコートの右側半分を狙うよりも、右のコーナーをピンポイントで狙うことが大切。ターゲットが小さければ小さいほど、集中力が必要となりサーブの精度も必要です。狙うターゲットは常に小さく、そしてそれを相手に気づかれないサーブを目指します。

やってみよう
コーンなどを置いて狙う

相手レシーバーと見立てたコーンやマットを置いて、その周囲のあきスペースを狙って打ったり、あきスペースにコーンを置いてそれを狙ったりします。ターゲットを目視できると狙いやすくなります。

できないときはここをチェック ☑

上手く狙ったところにサーブが打てない場合、どんなミスが多いのか練習や試合での自分のクセをつかみ、まずそのクセを修正します。

やってみよう

掲載された内容が身についたら、さらなるレベルアップを目指し、ココに掲載されている内容にもチャレンジしてみてください。

できないときはここをチェック

やってみてもなかなか上手くいかない。そんな時はここを読んでみてください。落ち入りやすいミスを掲載しています。

体の使い方・各パーツの基本

シンクロ（連動）

ヒジとヒザ、手首と足首はシンクロして動きます。この特性を使って、手首と足首でボールの動きをコントロールし、ヒジとヒザで距離をコントロールします。パスに役立ててください。

手首＆足首
パワーは大きくないが、コントロールが簡単

ヒジ＆ヒザ
大きなパワーを生むが、コントロールしづらい

プラットフォーム

両肩と組んだ手のあいだにできる面をプラットフォームといいます。レシーブのときは、このプラットフォームを使うと、ボールコントロールがしやすくなります。手は楽に組んでください。それで外れなければ、とくにどのような組み方でも問題ありません。

軸

縦の軸（赤線）

右肩－右股関節、左肩－左股関節を結んだライン
安定し、動かない（ぶれない）
ブロックやレシーブ時などに使う

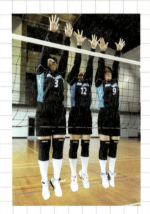

斜めの軸（青線）

右肩－左股関節、左肩－右股関節を結んだライン
不安定だが、爆発的なパワーを生む
スパイクやサーブ時などに使う

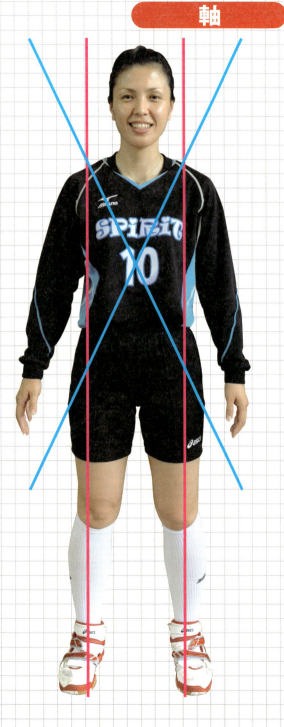

実戦テクニックが身につく!
勝つ! ママさんバレー 上達のポイント50

PART 1 ボールコントロール

力任せに打ち込むのをやめて、1球1球を大事にします。
ボールの軌道や落下点などの読みが大切です。

- ポイント01 選手全員が得点を意識してサーブを打つ ─ 12
- ポイント02 サーブは1本目が勝負 2本目では相手を崩す ─ 14
- ポイント03 下半身を先に動かすことでスムーズにボールの落下点に入れる ─ 16
- ポイント04 足首のバネで高さを調整し手首で距離を微調整 ─ 18
- ポイント05 身体の中心線よりずらしてボールに当て、腕の角度でコントロール ─ 20
- ポイント06 指と手首を固定しヒジでボールの軌道を調整する ─ 22
- ポイント07 相手の動きやコースを見極めて、スパイクを打つ ─ 24
- ポイント08 多少乱れたトスでも関係なく打ち抜いてラリーを制す ─ 26
- ポイント09 フェイントでブロックに当たり、相手の背中近くへ狙って落とす ─ 28
- ポイント10 ラストボールの返球では攻撃的にスパイクやあきスペースを狙う ─ 30
- ポイント11 ブロックにわざと当て、ボールの軌道をわかりにくくする ─ 32
- ポイント12 ブロックは、ボールの落下点とスパイクポイントをいち早く察する ─ 34
- ポイント13 ネット上では、ブロックに当てて態勢を立て直し、良い状態で攻める ─ 36
- ポイント14 ネットに当たったボールの動きを利用して、ゲームの流れを作る ─ 38
- ポイント15 強打には、ケガをしないようにオーバータッチを活用する ─ 40
- ポイント16 ブロック位置へ速く移動し垂直に跳ぶことで、ケガを防止する ─ 42
- ポイント17 ヒジを曲げずに打点を高く手の中心部分でジャストミート ─ 44

知っているとひとつトクをする オフザボールの動き ─ 46

CONTENTS

PART 2 ネクストタッチコントロール

1つ先のプレーへの準備や、味方同士の連携、
コミュニケーションを高め、相手に攻撃する隙を与えません。

- ポイント 18 ネットをはさんだ対人パスで、実戦を意識しながら相手を観察する — 48
- ポイント 19 攻撃につなげるブロックで少し角度を付け、コースを絞り込む — 50
- ポイント 20 二段トスは両サイドのボールをターゲットにする — 52
- ポイント 21 ゆっくりしたパスから速攻へ セッターへのパスは周囲1歩以内に — 54
- ポイント 22 ブロックを抜かせてレシーブするとき、レシーブエリアに3人で入る — 56
- ポイント 23 ブロック直後に攻撃に入るには、自らプレーする意識と短く速い助走 — 58
- ポイント 24 リバウンドを利用するには事前の周知と、パワーのセーブも大切 — 60

知っているとひとつトクをする　得意な動くエリアの見つけ方 — 62

PART 3 セルフボディコントロール

体の動きと役割を知り、無駄をなくします。
リラックス状態が、いざというときの爆発力につながります。

- ポイント 25 ウォーミングアップで実戦に慣れつつ、モチベーションUP — 64
- ポイント 26 自分のディフェンスエリアを前後左右に周囲3歩程度でとらえる — 66
- ポイント 27 無駄に動かず、役割をはっきりさせて省エネプレーを実践 — 68
- ポイント 28 動きはすべて「脱力→入力」上半身のリラックスが爆発力を生む — 70
- ポイント 29 ボール2個パスで目を慣らし周辺視野・動体視力を養う — 72
- ポイント 30 打球を追って動けるように「触れない」から「あげる」まで段階を踏む — 74

知っているとひとつトクをする　試合会場で確認すること — 76

CONTENTS

PART 4 ゲームコントロール　戦術編
ローテーションや、ポジションの役割を見直すだけで、
チームはより変化に富んだ攻めと守りができます。

- ポイント31　サーブのローテーションは
うまい選手を立て続けに並べない ― 78
- ポイント32　フォワードの選手がサーブ
のときは、違う選手が代わりにブロック ― 80
- ポイント33　サーブのあとのセッターは
ハーフの位置で、補佐的役割と攻撃参加 ― 82
- ポイント34　ボールが集まるハーフには
オールラウンドプレーヤーを配置する ― 84
- ポイント35　セカンドタッチでのトスが
難しければフロントゾーンへ高めにあげる ― 86
- ポイント36　大きな動きを横軸で作り
相手のブロックをずらす ― 88
- ポイント37　セッターの判断を遅らせる
サーブを打って、攻撃を限定 ― 90
- ポイント38　試合形式の練習で
スムーズな技と技のつなぎや時間感覚を磨く ― 92
- ポイント39　強いチームを作るには
レベルにとらわれず全員参加の練習をする ― 94
- ポイント40　試合で力を発揮するには
練習でも試合と同程度の脈拍数にする ― 96
- ポイント41　ボールデッド中のわずかな
時間は、情報の収集と交換にいかす ― 98
- ポイント42　連続得点を狙うには
ミス前提でがむしゃらに打たない ― 100

知っているとひとつトクをする　点数の動きは4タイプのみ ― 102

PART 5 ゲームコントロール　チームプレー編
連続的な動き、また、自分と前後左右の選手で作る、
三角形。どちらもポジショニングに必要不可欠です。

- ポイント43　三角形のポジショニングで
動きを良くし、あきスペースをなくす ― 104
- ポイント44　セカンドタッチは9人で
ていねいな逆サイドへのトスを心がける ― 106
- ポイント45　セカンドタッチしない
選手は、積極的にスパイクを打つ ― 108
- ポイント46　守備の苦手な選手を狙い
オフェンスがディフェンスを助ける ― 110
- ポイント47　守備側と攻撃側との試合で
自チームの弱点を見つける ― 112
- ポイント48　人数が少ないチーム練習でも
人数差とポジション限定で実力を伸ばす ― 114
- ポイント49　ジャンプせずアタックを打つ
ゲーム練習でラリーを意識 ― 116
- ポイント50　サーブ、ブロック、
カウンターアタックで勝つ ― 118

※本書は2009年発行の『試合で勝てる！ママさんバレー　上達のポイント50』を元に加筆・修正を行っています。

安易な返球はしない
ボールコントロール

力任せに、ただ打ち込むのをやめて、1球1球を大事にします。
スピードやパワーだけでなく、ボールの軌道や落下点などの読みが大切です。

PART 1

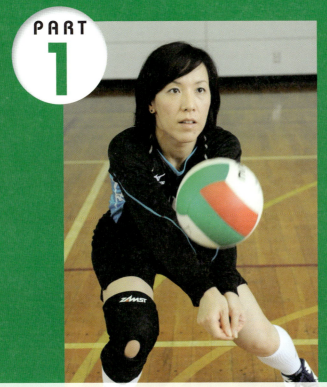

ポイント		
01 選手全員が得点を意識してサーブを打つ —12	07 相手の動きやコースを見極めて、スパイクを打つ —24	13 ネット上では、ブロックに当てて態勢を立て直し、良い状態で攻める —36
02 サーブは1本目が勝負 2本目では相手を崩す —14	08 多少乱れたトスでも関係なく打ち抜いてラリーを制す —26	14 ネットに当たったボールの動きを利用して、ゲームの流れを作る —38
03 下半身を先に動かすことでスムーズにボールの落下点に入れる —16	09 フェイントでブロックに当たったり、相手の背中近くへ狙って落とす —28	15 強打には、ケガをしないようにオーバータッチを活用する —40
04 足首のバネで高さを調整し手首で距離を微調整 —18	10 ラストボールの返球では攻撃的にスパイクやあきスペースを狙う —30	16 ブロック位置へ速く移動し垂直に跳ぶことで、ケガを防止する —42
05 身体の中心線よりずらしてボールに当て、腕の角度でコントロール —20	11 ブロックにわざと当て、ボールの軌道をわかりにくくする —32	17 ヒジを曲げずに打点を高く手の中心部分でジャストミート —44
06 指と手首を固定しヒジでボールの軌道を調整する —22	12 ブロックは、ボールの落下点とスパイクポイントをいち早く察する —34	

ポイント **01** ▶▶▶ ボールコントロール
選手全員が得点を意識してサーブを打つ

 サーブを安易に打つことがなくなり、全員が得点を目指すことでチームが強くなる。

サーブは自分のリズムで楽に得点できるプレー

バレーボールにおいて、**いちばん楽に得点し、勝利につなげることができるプレーがサーブ**です。そして、ポジションに関わらず選手全員が平等に得点するチャンスがあります。だれにも邪魔されず自分のリズムで打て、さらに得点できるチャンスが作れます。ママさんバレーのルールは1人2本までサーブが打てるのが特徴。選手全員が得点するという意識をもつことが勝利につながる大きなポイントです。

効くツボ
1. オーバーレシーブできない所へ
2. アンテナ頂上〜白帯の間を狙う
3. ターゲットは常に小さく

効くツボ 1

オーバーハンドレシーブが
できない場所へサーブを打つ

弱いサーブでは、オーバーハンドレシーブで簡単にセッターに返されてしまいます。しかし、アンダーハンドレシーブにくらべ、オーバーハンドレシーブができるポイントはとても狭いです。相手を動かし、オーバーハンドレシーブができない場所へサーブを打つことを心がけます。

効くツボ 2

アンテナの頂上から白帯
の間のエリアを通過するように

同じスピードでも、天井高くあがるサーブとネットぎりぎりを飛んでくるようなサーブでは、レシーバーの体感速度が変わります。速いボールに対応しようとすると、あせってミスをする確率も高まります。アンテナの頂上から白帯までのエリアを通過するようなサーブを狙います。

効くツボ 3

狙うターゲットは常に小さく
そして相手に気づかれないこと

右のコーナーを狙う場合、ターゲットはコートの右側半分を狙うよりも、右のコーナーをピンポイントで狙うことが大切。ターゲットが小さければ小さいほど、集中力が必要となりサーブの精度も必要です。狙うターゲットは常に小さく、そしてそれを相手に気づかれないサーブを目指します。

やってみよう
コーンなどを置いて狙う

相手レシーバーと見立てたコーンやマットを置いて、その周囲のあきスペースを狙って打ったり、あきスペースにコーンを置いてそれを狙ったりします。ターゲットを目視できると狙いやすくなります。

できないときはここをチェック ✓

上手く狙ったところにサーブが打てない場合、どんなミスが多いのか練習や試合での自分のクセをつかみ、まずそのクセを修正します。

ポイント **02** ▶▶▶ ボールコントロール

サーブは1本目が勝負
2本目では相手を崩す

> **ココが直る** 2本目のサーブでも、相手が嫌がるようなサーブを打つことで得点シーンが増える。

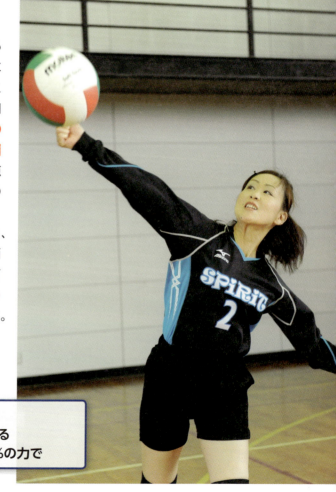

2種類のサーブを使い分け 場面にあったサーブを打つ

1人で2本サーブが打てるため、シチュエーションによってサーブを使い分けることがとても重要です。1本目は得点を狙いにいく**勝負のサーブ**、2本目は**相手を崩すサーブ**であわよくば得点につながるという、2種類のサーブを武器にします。

サーブを使い分けられると、どのようなときでもその場面にあった効果的なサーブが打てるという自信になり、他のプレーの向上にも役立ちます。

効くツボ
1. あいたコースを狙う
2. 意識しなくても狙える
3. 2本目は60～80%の力で

効くツボ 1

あいているコースを狙ったり
変化するボールを打ったりする

「**強**い(速い)サーブ＝良いサーブ」ではありません。あいているコースを狙ったり、変化するボールを打ったりすれば、レシーブしにくいもの。強いサーブを打つ選手にまぎれて違ったサーブを打つ選手がいると、緩急がついて相手のリズムが崩れることもよくあります。

効くツボ 2

意識して狙わなくても打てる
切り札となるサーブを1つもつ

左より右の方が狙いやすい、後ろより前の方が狙いやすい…選手によって打ちやすいサーブは様々です。意識して狙わなくても打てる、切り札となるサーブを1つもつことです。得意なサーブの精度をさらに高めながら、違ったサーブも体得し、チームいちばんのサーバーを目指します。

効くツボ 3

2本目は60〜80％の力で
ボールのコースをコントロール

1本目をミスすると、2本目は極端なイージーサーブを打つ選手が多いです。1本目は100％の力で得点を狙い、2本目は60〜80％の力でコントロールし、コースを狙って相手チームを崩すサーブを打つことが重要です。そのために、2種類のサーブ練習をやっておくことが必要です。

☞やってみよう
同じ姿勢・打ち方で打ち分ける

同じ姿勢・同じ打ち方で前後左右に打ち分けられるようになると、相手はコースを読みづらくなります。レシーバーが取りにくいサーブはどうしたら打てるか考え、1本に集中しながら打ちます。

できないときはここをチェック ✓

コートを4分割し、その4つに打ち分けられる練習からはじめます。サーブの強弱は気にせず、狙ったコースに打つことを意識します。

ポイント **03** ▶▶▶ ボールコントロール

下半身を先に動かすことで
スムーズにボールの落下点に入れる

> **ココが直る** 下半身から1歩動いてレシーブ、というのを意識するだけでパスの精度が高まる。

ディフェンスのときはいかに速く移動するかを意識する

ディフェンスでは、いかに速く最初の1歩目を踏み出すかが、大きなカギになります。上半身をどんなに動かしても下半身が先に動かなければ、スムーズにボールの落下点に入れません。上半身でボールに触りに行かず**いかに速く移動するかを意識**してください。

また、上半身は軽くリラックスさせた状態でボールコントロールができると、パスの精度があがり、次の選手に優しいプレーをすることができます。

効くツボ
1. 移動とパスで構えを変える
2. つま先とヒザは少し外に向ける
3. 常にボールに対して正対する

効くツボ 1

移動のための構えと
パスのための構えを使い分ける

構えには2種類あります。右写真がボールの下に入る「移動するための構え」、左写真が「パスをするための構え」の一例です。最初からパスをする構えでは移動することが難しく、レシーブできるボールでもミスをする可能性が高まります。視点の高さは変えずに構えを使い分けます。

効くツボ 2

つま先とヒザを少し外側に向ける
とスムーズに移動できる

内股でヒザを閉じていては、前後左右に動きにくく、動き出すまでに時間がかかります。スムーズに移動するためには、つま先は少し外側に開き、ヒザもつま先方向に向くのが理想的です。このような楽にスライドできる体勢から、スムーズに移動できる足の運びと構えを覚えてください。

効くツボ 3

顔だけでボールを追わず
常にボールに対して正対する

ボールの動きに反応するためには、常にボールに対して正対することが大切です。チームメイトがボールを触っているとき、身体の正面がその選手のほうを向いていれば、次のプレーに反応しやすくなります。顔だけでボールを追わず、全身でボールの方向を向くクセをつけます。

やってみよう
相手からボールが離れるまで待つ

ボールのコースを読んで先に動くと、逆コースに来たときに反応できません。ボールが相手から離れた瞬間から動き出すまで「待つ」ことも大切です。ギリギリまで待って動くようにします。

できないときはここをチェック ✓

なかなか足が動かずレシーブが苦手だと感じる方は、レシーブすることよりボールの落下点に移動することを先に考えてください。

ポイント **04** ▶▶▶ ボールコントロール

足首のバネで高さを調整し
手首で距離を微調整

> ココが直る　手首と足首を利用し、トスの高さや距離を簡単にコントロールできるようになる。

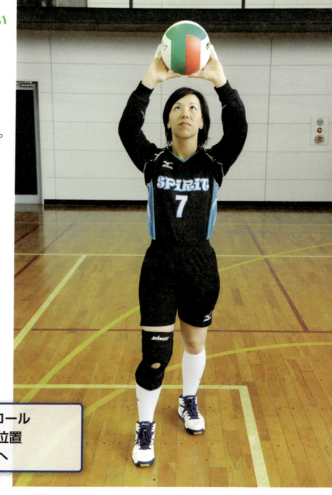

オーバーハンドパスはゲームのリズムが作りやすい

　オーバーハンドパスはアンダーハンドパスよりコントロールしやすく、次の人もプレーしやすいため、ゲームのリズムが作りやすくなります。

　ブロックの後、切り返すボールをオーバーハンドパスでトスにするか、アンダーハンドパスでトスにするかで、精度が大きく違います。そのため、オーバーハンドパスは**どのポジションでも重要なスキル**です。ボールの落下点や回転、スピードなどの情報をすばやくつかむことが大切です。

効くツボ
1. 足首と手首でコントロール
2. 眉毛の辺りが親指の位置
3. いち早く落下点の下へ

効くツボ 1

足首でボールの高さ
手首で距離をコントロール

身体の手首と足首は連動しているため、比較的距離が近い場合、手首と足首でパスをコントロールします。足首でボールの高さ、手首で距離をコントロールします。あまり手に意識をおかず足首のバネを利用して大きな調整をして、手首で微調整するようなイメージをもちます。

効くツボ 2

眉毛の辺りに親指が来る
位置でボールをとらえる

眉毛の辺りに開いた両手の親指が来る位置でボールをとらえます。パスした後、軽く2、3歩前進できるようなポジションが大切です。ボールをうまくとらえても、身体がそりすぎたり前傾したりすると前に進めません。ボールをとらえる位置とあわせて、姿勢もチェックします。

効くツボ 3

ボールの落下点をいち早く察し
その下にすばやく入る

ボールの落下点をいち早く察し、その下にすばやく入ることが大切です。ボールの下に入らないままオーバーハンドパスをしてしまうと、上にボールが上がらないため次のプレーヤーを苦しめることになります。ボールの下に入った後はターゲットの位置を一瞬確認してからパスします。

やってみよう
前後に違う動作を入れる

パス練習のとき、「相手から来たボールをヘディング→オーバーハンドパスで返球」など、オーバーハンドパスをする前後に違う動作を入れ、落下点に入って足首でコントロールするイメージを作ります。

できないときはここをチェック ✓

自分でバウンドさせたボールをヘディングしてキャッチする練習などで、移動する範囲を狭くした状態からボールをとらえる位置を覚えます。

ポイント 05 ▶▶▶ ボールコントロール

身体の中心線よりずらしてボールに当て、腕の角度でコントロール

 できていると思っていたアンダーパスを、違う視点で見直すことで、より精度があがる。

アンダーハンドパスでラリー戦にも対応

　アンダーハンドパスは、バレーボールの中でもっとも使われるスキルの1つです。ビギナーレベルであれば、アンダーハンドパスさえできればラリーが続くこともあります。すばやく移動してボールの下に入り、**上半身をセットしてボールにタッチ**し、あとは**ヒザと足首でコントロール**します。

　また、ボールに逆回転をかけるとあがりやすくなり、次にボールタッチをする選手は余裕をもってプレーできます。

1. 視界に入るエリアでタッチ
2. 中心線からずらしてタッチ
3. 強打→90度近く、軟打→水平に

効くツボ 1

視界に入るエリアで
ボールにタッチ

顔をまっすぐ正面に向けて見た状態で、視界に入るエリアでボールにタッチします。そのとき、プラットフォーム（ヒジから手首のあいだ）にしっかりと当てます。そして、次にボールタッチする選手のほうへ、プラットフォームの面を向けた状態を保つようにしてください。

効くツボ 2

身体の中心線から左右に少し
ずれたところでボールにタッチ

ボールとプラットフォームの位置が確認しやすいフォームがあります。それは、人間の目の特性上、身体の中心線（正中線）ではなく、そこから左右に少しずらしたところです。イージーボールをコントロールするときも、真正面でボールに触れるのではなく、少し左右にずらして当ててみます。

効くツボ 3

強打のときは 90 度近く
軟打のときは水平に

強打のときは、プラットフォームを床に対して90度近くにします。勢いに負けないよう、下半身は軽く踏ん張ります。軟打のときは、プラットフォームを床と水平近くにして、ヒザと足首のクッションを使い、ボールに軽く逆回転をかけます。すると、次の選手がプレーしやすくなります。

やってみよう
足首で距離、ヒザで高さを調整

足首と手首、ヒザとヒジというように、下半身と上半身はシンクロして動きます。足首で距離を、ヒザで高さを調整するイメージをもちます。

できないときはここをチェック ✓

手首から5～10cm付近にテープなどで印をつけて、当てる位置を無意識に視界に入れておくことで、他の身体の使い方に集中できます。

ポイント **06** ▶▶▶ ボールコントロール

指と手首を固定し
ヒジでボールの軌道を調整する

> **ココが直る** 苦手意識をもっている選手が多いプレーなので、まずはケガをしない触り方を覚える。

ゲーム展開を有利に進めるオーバーハンドレシーブ

　ママさんバレーは、強打をオーバーハンドでレシーブする場面がたくさんあります。オーバーハンドパスでも負けない選手がいますが、突き指しやすく注意が必要です。イージーボールのオーバーハンドパスとは違い、**指と手首を固定しておく**ことで、ボールの勢いに負けずにコントロールできます。また、両方の手のひらでパンチングするように上へはじき返すだけでもじゅうぶんです。そのときも、ヒジでコントロールします。

効くツボ
1. 両腕を高めにセット
2. 人差し指のつけ根でとらえる
3. 手首と指を固定する

効くツボ 1

両腕を高めにセットしておくと
すばやく反応できる

ハーフの選手がいちばんオーバーハンドレシーブの機会が多いのは、右の写真のようにオーバーハンドなら最短距離だからです。アタッカーからも近く、ボールタッチまでに考える時間がほとんどないため、両腕を高めにセットしておくと、すばやく反応できます。

効くツボ 2

親指を上向きに、両方の
人差し指のつけ根でとらえる

親指を水平よりも下向きにすると、ボールに勢いがある場合、突き指してしまいます。親指を少し上向きにして、ボールを両手の人差し指のつけ根あたりでとらえます。勢いがあるボールに対する場合、親指を後ろに隠し、そのまま人差し指のつけ根をあわせて、はじき返します。

効くツボ 3

手首と指を固定して、
ヒジを斜め前に軽く押し出す

通常のオーバーハンドパスよりも少し前でボールにタッチします。ボールの勢いに負けないように手首と指を固定しておきます。代わりに、ボールにタッチする瞬間、ヒジをクッションにして斜め前に向かって軽く押し出します。そうすることで、後ろにはじかれにくくなります。

やってみよう
コントロールできるエリアを探す

スパイクのように強い打球のほか、無回転で上下左右に変化するようなボールに対するオーバーレシーブの練習も必要です。後ろにはじかれず、コントロールしやすいボールタッチエリアを探します。

できないときはここをチェック ☑

顔に向かってボールをライナーで投げてもらい、それを上にあげます。そして、徐々に強いボールを投げてもらうようにして練習します。

ポイント **07** ▶▶▶ ボールコントロール

相手の動きやコースを見極めて、スパイクを打つ

> **ココが直る** スパイクは体勢が崩れても打てるという意識をもつことで、得点シーンを増やす。

少しのジャンプでミスや失点につながることがある

　ママさんバレーのネットの高さは２０５cm。実は小学生向けネットの次に低いのです。少し身長がある選手であれば、ジャンプをするとすぐヒジや顔がネットから出ます。にもかかわらず、ほんの少しのジャンプで、体勢を崩してミスをして、チャンスがいつのまにか失点になることがあります。

　まずは、**ジャンプをしなくてもスパイクが打てる**ということを知ります。そして、落ち着いてスパイク練習をしてください。

効くツボ
1. ジャンプをせずに打つ
2. 広い視野と余裕をもつ
3. エンド、サイドラインを狙う

効くツボ 1

ジャンプをしないで
長いコースへの意識をもつ

右写真の選手は165cmです。跳ばなくてもすでに手が出ています。スパイクは下に打つものという感覚があるため、ジャンプしないとネットにかけてしまう危険があります。ジャンプをしないで打つ効果的なスパイクの基本は、長いコースへ打つことです。

効くツボ 2

広い視野と余裕がもてたら、
ジャンプをしてスパイクする

ジャンプをしない分、余裕が生まれて相手コートの動きがよく見えます。レシーバーがいないコースに打ったり、ブロッカーの手を利用したり、余裕をもったプレーができます。その視野と余裕をもちつつ、徐々にジャンプをしていけば、ジャンプしても同じプレーができるようになります。

効くツボ 3

エンドラインやサイドラインを
狙って打つ

ジャンプをしない分、打点はさがります。そこから下に向かって打ちおろせばネットやブロックにかかってしまいます。スパイクを打つ位置から遠いエンドラインやサイドラインを狙いましょう。即得点にはつながらなくても、相手を崩すことができ、攻撃のチャンスを増やせます。

やってみよう
ブロッカーに跳んでもらう

ブロッカーに跳んでもらい、あいているコースに抜いたり、ワンタッチで当ててはじき飛ばしたりする練習をしてみます。トスは、ネットから50～100cmほど離してもらうと、打ちやすくなります。

できないときはここをチェック ✓

最初は、サーブと同じ要領でボールの回転などを意識せず、エンドラインやサイドラインに向かって打ってみるようにします。

ポイント **08** ▶▶▶ ボールコントロール

多少乱れたトスでも関係なく打ち抜いてラリーを制す

> **ココが直る** 決めてくれると信頼されてあがってくるのが二段トス。期待に応えて、確実に決める。

得点、または相手を崩して攻撃を封じ込められるかが勝負

　ラリー中のほとんどのスパイクは「二段トス」です。しかも、トスがあがる位置は相手チームにもわかっているので、ブロックもしっかりついて、非常に不利になります。しかし、二段トスで得点につなげられるかどうか、またはイージーボールの返球につなげられるかが勝敗の分かれ目になります。そのため、多少乱れたトスでも関係なく打ち抜くことが重要です。二段トスから、点数につながる打ち方を覚えて、ラリーを制します。

効くツボ
1. 長いコースで通過点を高く
2. 手のひらの中心でとらえる
3. アウトになるコースへ打たない

効くツボ 1

長いコースを狙って
ボールの通過点を高くする

ポイント7でも取りあげたように、スパイクを打つ場合、まず長いコースへ打ちます。長いコースへ打つとボールの通過点が高くなり、ブロックにあたった場合もシャットアウトされる可能性が低くなります。エンドラインのギリギリで守っている選手も少ないため効果的です。

効くツボ 2

ボールの中心を
手のひらの中心でとらえて打つ

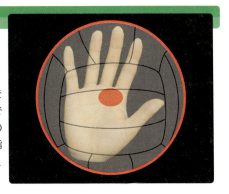

空振りしないようにするには、ボールの中心を手のひらの中心でとらえて打つことが重要です。人差し指と中指のつけ根あたりが、手のひらの中心です。ここをボールの中心にもってくると、指先がボールの上部に自然と引っかかり、意識しなくてもドライブ回転が生み出されます。

効くツボ 3

最初からアウトになるような
コースへは打たない

ブロックが視界に入り、ブロックアウトを狙うときは、最初からアウトになるようなコースへ打ってはいけません。ブロッカーのアンテナ側の手を狙いつつも、ブロックにあたらなければ相手コートの中に落ちるようなコースに狙って、打ってください。

やってみよう
後ろへパス、そこでトスをもらう

ネット際から後ろへパスし、そこからトスをあげてもらい、スパイクを打ちます。慣れてきたら、それにブロックをつけます。この流れの中から、二段トスを打ってそれを決めるという状況を作ります。

できないときはここをチェック ✓

決めることにこだわらず、二段トスで相手を崩し、イージーボールが返ってきたら、そこからコンビで切り返すくらいの楽な気持ちで打ちます。

ポイント **09** ▶▶▶ ボールコントロール

フェイントでブロックに当てたり、相手の背中近くへ狙って落とす

> **ココが直る** 相手のプレーが見えていると、効果的なフェイントができて、プレーに余裕が生まれる。

ルールに慣れていない選手にはオーバーネットが誘える手段

相手のリズムを崩すには、フェイントも効果的です。打てないから軽く返すという**消極的フェイント**ではなく、点数を取ったり、相手を崩したりするために、あえて狙う**積極的（攻撃的）フェイント**を活用します。

とくに、6人制から来たばかりの若い選手がブロックで跳ぶ場合は、ルールに慣れていないためオーバーネットが誘えます。両チームが熱くなっているときにこそ、フェイントは効力を発揮します。

効くツボ
1. ブロックにわざと当てる
2. 背中のすぐ近くに落とす
3. フォームを変えない

効くツボ 1

ブロックにわざと当てて、フェイントを狙う

左ページでも触れましたが、ブロッカーは「スパイクをシャットアウトしてやる！」という気持ちで、ブロックに跳びます。それを逆に利用し、ブロックにわざと当て、フェイントを狙ってみます。オーバーネットにならなくても、イージーボールが返ってくるので立て直しができます。

効くツボ 2

ブロッカーの背中のすぐ近くあたりにボールを落とす

ブロッカーの背中のすぐ近くに落とすフェイントも効果的です。ブロッカーは、振り向きざまのプレーになるのでコントロールしづらく、近くで構えているレシーバーも、ブロッカーとぶつかる可能性があるため、突っ込んでくることができません。

効くツボ 3

フォームなどが変わらないようフェイントも練習

どんなにいい位置にフェイントを落としても、最初からフェイントの構えで打ちに入れば、ただのイージーボールです。ボールに触れる直前までは全力でスパイクを打つという姿を相手に見せなければなりません。踏み込みやスパイクフォームなどが変わらないようにフェイント練習します。

やってみよう
打つ直前に指示を出してもらう

スパイクを打つ直前に、味方選手から「フェイント」や「強打」と、指示を出してもらって、それにあわせて打ってみてください。打つ直前までのプレーに差がない状況を作ります。

できないときはここをチェック ✓

対人パスをするときに、打つフリをしてフェイントをしたり、フェイントのフリをして強打を打ったりします。1対1のときに練習をしてください。

ポイント **10** ▶▶▶ ボールコントロール

ラストボールの返球では
攻撃的にスパイクやあきスペースを狙う

> **ココが直る** ポジションに関係なく、全員が常に攻撃を意識することで、得点シーンを増やす。

目的もなく安易に
イージーボールを返さない

　ラストボールを打って返せないとき、安易にイージーボールを返すチームが多く見られます。返球がどういうものかによって、次に相手チームからくるボールの質が変わってきます。態勢が整わないまま返すラストボールは、相手チームにとってイージーである必要はありません。**簡単に返してしまうのではなく、**パスを乱して、攻撃の的を絞りやすくしたり、攻撃できなくしたり、少しでも味方の得点になる返球を心がけます。

効くツボ
1. 可能な限りスパイクで返球
2. 返球の方法を変える
3. 選手がいないスペースを狙う

効くツボ 1

プレッシャーを与えるため
可能な限りスパイクで返球

ポイント7でも紹介したように、ジャンプをしなくてもスパイクは打てます。返球のとき、パスで返すかスパイクで返すかによって、相手が感じるプレッシャーは大きく変わります。少しでも相手にプレッシャーを与え、ミスを誘うためにも、可能な限りスパイクで返球します。

効くツボ 2

味方の態勢にあわせて
返球の方法を変える

ラストボールを返すとき、味方の態勢も意識します。味方の態勢が整っていないときは、高くゆっくりとした返球で時間を稼ぎ、態勢が整っている場合は低く早いボールで相手チームを崩すことを考えます。まずは自チームに不利にならないことを最優先に考えてプレーしていきます。

効くツボ 3

選手がいないスペースや
動かないと取れない場所を狙う

パスで返球するときは、ボールタッチの前に相手コートを確認し、選手がいないスペースや、動かなければ取れないスペースなどを、正確に狙います。ラリー中はどのチームも、全体的に前進してくる傾向があるので、エンドラインやサイドラインをターゲットにするのも効果的です。

やってみよう
スパイクを打たずに対戦練習

スパイクを打たない対戦形式の練習をすると、打たなくとも得点できる感覚が身につきます。打たずに決めるのは難しいので、相手コートを見て、あいているスペースなどを、意識的に確認するクセがつきます。

できないときはここをチェック ✓

まずは、長いコースのエンドライン上に返球するよう意識します。いちばん遠いコースに落とせれば、近距離もコントロールできるようになります。

ポイント 11 ▶▶▶ ボールコントロール
ブロックにわざと当て、ボールの軌道をわかりにくくする

> **ココが直る** ブロックに当てていいという気持ちの変化が、強気なスパイクへとつながる。

ルールの特性をいかして、どんどんブロックを利用する

ママさんバレーでは、ブロックを1本目と考えます。そのため、レシーバーに拾われ、トスからスパイクへと切り返されるより、**1本目をわざとブロックに当てて、2本目をつなぎにくくする**ほうが効果的です。あえてブロックに当てたボールの変化は、当たってみないとわからない分、カバーしにくいからです。ブロックを抜いて決めるほうが気持ち良いですが、ルール特性をいかして、ぜひブロックを利用してください。

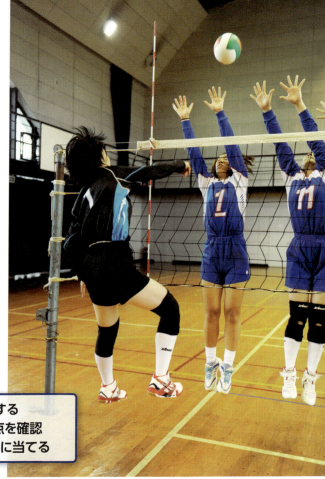

効くツボ
1. 両端の腕1本と勝負する
2. ボールの軌道と落下点を確認
3. パワーを抑えブロックに当てる

効くツボ 1

両端の腕1本(または1人)と勝負すればブロックは怖くない

ブロッカーが何枚跳ぼうと、その両端の腕1本(または1人)のどちらかと勝負すれば、ブロックは怖くありません。結局は、腕1本(または1人)対スパイカーとなり、スパイカーの方が有利なのです。がむしゃらにブロックの真ん中へ思いっきり打って、止められないようにします。

効くツボ 2

ボールの軌道と落下点を瞬間的に確認

ブロックの腕1本と勝負するためには、味方のトスが手元から離れてから、ボールの軌道と落下点を確認します。そのとき、瞬間的にブロッカーをチラ見して、動きを知ることが大切です。しかし、あまり早い段階でチェックをしても意味がありません。見るタイミングがポイントです。

効くツボ 3

ソフトアタックでパワーを抑えブロックに当てて出す

スパイクのパワーを40〜60％程度に抑えてコントロールする、ソフトアタックも利用してみてください。全力で打つとコントロールがしにくいというときに、パワーを抑えてブロックに当てて出す打ち方が有効です。そのとき、ジャンプや踏み込みまでソフトにならないように気をつけます。

やってみよう
ブロッカーがアレンジして跳ぶ

1枚〜3枚のブロッカーに跳んでもらい、その両端の選手とだけ勝負します。真ん中をあけたりノーブロックにしたりしてアレンジすることで、打つ直前にブロックを見て打ち分けられます。

できないときはここをチェック ☑

真ん中でもいいので、ブロッカーの腕に当てるところからスタートします。じょじょにサイドへと、当てるコースをスライドさせます。

ポイント **12** ▶▶▶ ボールコントロール

ブロックは、ボールの落下点とスパイクポイントをいち早く察する

> **ココが直る** ブロックの完成度を高めることで、ディフェンスからの切り返しが楽になる。

タイミングとポジション取りを正しくし、1枚の壁となる

　ブロックは、タイミングとポジション取りを違えると、意味がなくなってしまいます。そして、いっしょに跳ぶブロッカーとの関係も重要です。何人で跳んでも1枚の壁とならなければ、ブロックになりません。攻撃的な守備に位置するブロックの役割は、**①止める、②ワンタッチを取ってディフェンスにつなぐ、③コースに打たせる、④プレッシャーをかける**、の4つがあります。

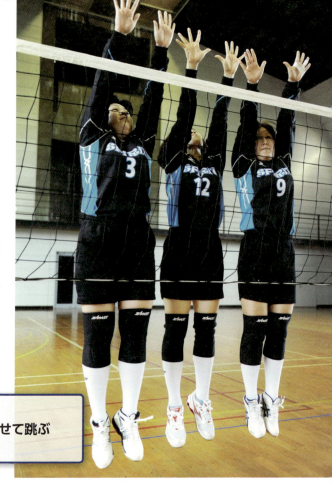

効くツボ
1. 手の出し方を工夫
2. 跳びあがるのにあわせて跳ぶ
3. 跳ぶ位置を決定

効くツボ 1

味方の選手がつなぎやすいよう手の出し方を工夫する

ブロックに当たったあとのボールの動きは予想しにくいものです。味方がつなぎやすいように、腕に当たったら相手コートに落ちる、手のひらに当たったらボールが上に浮きあがるように手の出し方を工夫してください。また、レシーバーのいるコースに打たせることも重要です。

効くツボ 2

スパイカーがジャンプのため跳びあがるのにあわせて跳ぶ

ブロックするためのタイミングのポイントは、①スパイカーがジャンプのために跳びあがるときにあわせて跳び始める。②スパイカーが打ってくる瞬間にブロックを完成させる。というのが基本です。スパイカーが打つ前にあわててジャンプしないようにしてください。

効くツボ 3

スパイカーにいちばん近いブロッカーが跳ぶ位置を決定

右利きのスパイカーなら、その右手がブロックの中心に来る位置取りをします。トスが離れた瞬間に、ボールの落下点とスパイクポイントをいち早く察し、スパイカーにいちばん近いブロッカーが跳ぶ位置を決めます。残りの選手は、間があかないようにすばやく移動してください。

やってみよう
ブロックのときのルールを決める

ブロックはディフェンスの要なので、隙間をあけずに完成させてください。レシーバーとの位置関係などを確認し、強打を打たせるコース、ブロックで抑えるコースなど、チームのルールを決めてください。

できないときはここをチェック ☑

すばやくボールの元へ移動することがいちばん大切です。まずは高さや形は気にせずブロックポイントへ移動することを最優先で考えてみてください。

ポイント **13** ▶▶▶ ボールコントロール
ネット上では、ブロックに当てて態勢を立て直し、良い状態で攻める

> **ココが直る** あわててミスをしやすいネット上のプレーで、スマートなスパイクが打てる。

相手コートに返すことばかり考えない

　コンビミスなどにより理想の状態で打てない場合があります。いかに状態が悪くても自チームのプラスになるプレーが必要です。**オーバーネットは反則**なので、相手に邪魔をされずにボールコントロールができます。落ち着いて相手を利用するようなプレーをしてください。味方のフォローを信用し、相手コートに返すことばかり考えず、ときにはブロックに当ててもういちど態勢を立て直し、良い状態で攻撃につなげます。

効くツボ
1. 無理のないプレーを選ぶ
2. 良い態勢でボールに触る
3. 下へ落としたり浮かせたりする

効くツボ 1

無理なくできる最善のプレーを選ぶ

ブロックと押し合って相手コートに返すことばかり考えず、ポイント11のように当てて外に出したり、ブロックを利用して自チームに戻し、攻撃を立て直したりなど、選択肢はたくさんあります。そのときに無理なくできる、最善のプレーを選ぶことも、スパイカーに必要な能力です。

効くツボ 2

ネット上のプレーでは、良い態勢でボールに触る

ネット上のプレーに強くなるために重要なことは、「良い態勢でボールに触る」ことです。そのためには、ボールの落下点にすばやく入り、真上に跳んでボールに触ることが大切です。ブロードジャンプをすると、ケガを意識してしまって打点もさがるため、プレーに集中できません。

効くツボ 3

下へ押し出したり、浮かせたりして、使い分けをする

相手コートへ返球したり、外へ当てて出したりするような場合は、ボールが下に落ちるように上から下へ押し出します。逆に、自チームへもらう場合は、つなぎやすいようにボールを浮かせます。せっかくの好プレーを台無しにしないためにも、2つの使い分けを忘れないでください。

Let'sやってみよう
フェイクを入れてミスを誘う

ウォーミングアップのときに、2人1組でネット上の勝負をします。相手の力を利用したり、フェイクを入れて相手のミスを誘ったり、どうやったらボールがどう動くのか、感覚を覚えておきます。

できないときはここをチェック ☑

ネット上で相手と押しあうときは、まずコートの外へボールを押し出します。その次に、ボールを浮かせて自チームにもらうプレーを考えてください。

ポイント **14** ▶▶▶ ボールコントロール

ネットに当たったボールの動きを利用して、ゲームの流れを作る

> **ココが直る** あわてて失点にしてしまいがちなネットプレーを、チャンスにつなげられるようにする。

ネットの上から当たれば下へ、下から当たれば上へあがる

ママさんバレーは、ネットにボールが当たった場合、同じ選手または他の選手がもう1タッチすることができます。ネット際で無理にボールを触りにいかず、効果的にネットを使って、その後のプレーで立て直しをしましょう。

高さ1m×幅9mあるネットを自チームのチャンスにつなげるには、**ネットに当たるとボールはどのようなコースに変化するのか、特性を知っておく**ことが大切です。

効くツボ
1. 当たったあとの動きを知る
2. 真ん中辺りへ下から当てる
3. つなぎは高めにパス

効くツボ 1

ボールがネットに当たると、どういうコースに動くのかを知る

ボールがネットに当たると、どういうコースに動くのかを知ってください。もちろん、上から当たれば下へ落ち、下から当たれば上にあがります。また、上の白帯近くに当たると、速く真下へ落ち、アンダーロープ付近に当たると、ロープに引っかかって一瞬遅れて落ちてきます。

効くツボ 2

ネットの真ん中辺りへ少し下からボールを当てる

ネットに当たったあと、いちばんコントロールしやすい場所があります。ネットの真ん中辺りへ、少し下からボールを当てたときです。また、下からボールを当てると、上にあがるため、アンダーだけではなくオーバーでボールタッチできます。あまり勢いよくネットに当てないようにします。

効くツボ 3

返球はエンドラインを狙いつなぎは高めのボールをあげる

ネットに当たったあとのボールは、返球または味方の選手へのつなぎのどちらかになります。返球の場合は、エンドラインなどを狙って奥へ返します。味方の選手が触る場合は、高めのボールをあげて、スパイクにするのかトスにするのかなど、次の選手が選択できる時間を作ります。

やってみよう
ゲーム中にネットプレーを入れる

ゲーム形式の練習で、ネットに当てたボールを処理するところからゲームをスタートしたり、必ずネットプレーを入れてゲームをしたりするなど、流れの中にネットプレーをする状況を取り入れます。

できないときはここをチェック ☑

ネットをはさんで2人1組でパスをします。ネットに当ててもういちど触って返球するところから、はじめていってください。

ポイント **15** ▶▶▶ ボールコントロール
強打には、ケガをしない ようにオーバータッチを活用する

> **ココが直る** ケガをしないオーバータッチで、ボールコントロールし、指先のケガを防ぐ。

強打に対しオーバーレシーブすると、突き指しやすい

ポイント6のツボ2でも触れましたが、強打に対してオーバーハンドレシーブをすると、突き指などのケガにつながります。**両手のひらをあわせてはじく（オーバータッチ）**だけでも大丈夫です。形にこだわって、ケガの危険性を高める必要はありません。むしろ、ボールが次につなげられるような位置にあげられれば、それがベストです。指先をケガすることは、主婦にはいちばんつらいことなので、注意します。

効くツボ
1. すべての指を上方向に
2. 中心線より前、カカトに重心
3. 強いボールは力で押し返さない

効くツボ 1

全ての手の指先を
上（天井）方向に向ける

オーバーハンドパス全般にいえますが、指先をボールに向けてしまうと突き指しやすくなります。また、親指が下に向きすぎていてもだめです。軽くワキをしめ、ヒジを開き過ぎないように構えます。そして、手首が内側に向かないようにし、全ての指を上（天井）方向に向けます。

効くツボ 2

体の中心線よりも前でタッチし、
カカトに軽く重心を置く

オーバータッチのときは、どこでボールを触るかが重要です。右写真のように、体の中心線よりも前で、カカトに軽く重心を置いてボールタッチをすれば、強打が向かってきても後ろにはじかれることはありません。つま先重心だと、ボールが当たったとき、後ろに体が逃げてしまいます。

効くツボ 3

強い勢いで飛んでくる
ボールには力で押し返さない

強い勢いで飛んでくるボールに対して力で押し返すと、コントロールしきれません。飛んでくるボールの勢いを利用するだけでじゅうぶんボールは高くあがります。手のひらの面にボールを当てて、方向を変えてみます。手首から上でコースをコントロールし、ヒジをクッションにします。

Let's やってみよう
オーバーレシーブを取り入れる

2人1組のパスのときに、オーバーハンドレシーブ（タッチ）を取り入れます。自分の上にあげたボールをトスして、相手に返球。打つ側のコントロールも重要なので、お互いの良い練習になります。

できないときはここをチェック ✓

弱いボールはオーバータッチだとコントロールしにくいので、少し強めのボールを出してもらい、どこに当たるとどう飛ぶのか確認します。

ポイント **16** ▶▶▶ ボールコントロール

ブロック位置へ速く移動し垂直に跳ぶことで、ケガを防止する

 ブロックはディフェンスのかなめ。スムーズな動きとしっかりした体勢を身につける。

動きや状態が悪いときほどケガにつながりやすい

ポイント15に引き続き、ケガをしないことに注目して、ブロックを考えてみます。突き指など手先のケガのほかに、**ねんざなど足元のケガにも注意する**必要があります。動きや状態が悪いときほど、ケガにつながりやすいものです。

逆にケガをしないということは、スムーズに動けているので、効果的にブロックができている証拠です。すると、ディフェンスもしやすくなり、結果チームの強化につながります。

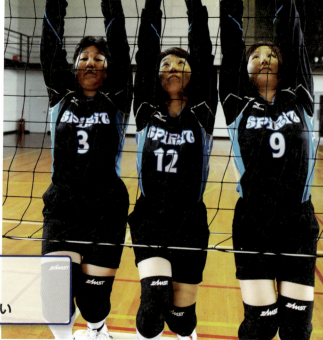

効くツボ
1. 手のひらを少し反らす
2. 垂直に跳ぶ
3. 指は必要以上に広げない

102-0093

東京都千代田区平河町一丁目1—8
麹町市原ビル4F

メイツ出版株式会社

編集部　行

申し訳ありません。
切手を
お貼りください。

郵便はがき

※さしつかえなければご記入ください。

お買い上げの本の題名	
あなたのお名前　　　　　男・女　　歳	お買い求め先(書店,生協,その他)
ご住所　〒　Tel.　Fax.　　　　e-mail	

※こちら（http://www.mates-publishing.co.jp/voice）からも承っております。

本書のご感想、あなたの知っているとっておきの情報、お読みになりたいテーマなど、なんでもお聞かせください。
※こちら（http://www.mates-publishing.co.jp/voice）からも承っております。

……………………………………………………………………………………
……………………………………………………………………………………
……………………………………………………………………………………
……………………………………………………………………………………
……………………………………………………………………………………
……………………………………………………………………………………
……………………………………………………………………………………
……………………………………………………………………………………
……………………………………………………………………………………
……………………………………………………………………………………
……………………………………………………………………………………

ありがとうございました。

効くツボ 1

ボールが浮くように
手のひらを少し自分側に反らす

まず、突き指など指先のケガをしないためには、手の出し方が大切です。オーバーネットやボールを囲むことができないので、軽く指をそろえます。手のひらがギリギリ出る高さの選手は、当たったあとボールが浮くように、手のひらを少し自分側に反らして角度をつけておきます。

効くツボ 2

すばやくブロック位置へ移動し
垂直に跳ぶ

ねんざなどの足元のケガを防ぐためには、すばやくブロック位置へ移動し、垂直に跳ぶことです。特に軸となる選手がブロードジャンプをしてしまうと他の選手は移動できず同じように流れてしまいます。体勢がふらつき、足元も安定しないため、ブロックも止まらずケガをする場合もあります。

効くツボ 3

5本の指全てを使い、
必要以上に広げない

「**親**指と小指にしっかり力を入れてブロックする」と指導している方がいますが、小指1本、親指1本でブロックはできません。ブロックのときは、5本の指全てを使い、必要以上に広げないようにします。手首から上は、強打に当たり負けしない程度の力を入れておけば、じゅうぶんです。

やってみよう
4・5人でブロック移動する

移動の練習も兼ねて、アップのときに4・5人でのブロック移動を取り入れます。また、指をそろえて手のひらを小さくしても、ブロックの質は変わらないことを、実際にやって体感してみましょう。

できないときはここをチェック ✓

ブロックの手の出し方は、オーバータッチに似ている部分があります。ジャンプして、オーバータッチするような感覚で練習します。

ポイント **17** ▶▶▶ ボールコントロール

ヒジを曲げずに打点を高く 手の中心部分でジャストミート

> **ココが直る** 効率よくボールにパワーを乗せて、スパイクの決定力アップにつなげる。

小手先だけでは強いスパイクは打てない

スパイカーは、どんなに打点が高くパワーがあっても、ボールをジャストミートできないと、強いスパイクは打てません。逆に、**パワーに自信がなくても、ジャストミートすれば、重く速いボールが打てます。**自分がもっているパワーをどれだけボールに伝えられるかが、大切です。小手先だけでは強いボールを打てないので、全身をムチのようにしならせてインパクトの瞬間にボールにパワーを伝えます。

効くツボ
1. 手とボールの中心をあわせる
2. ヒジを曲げずに打点を高くする
3. ボール回転でコントロール

効くツボ 1

人差し指と中指のつけ根を
ボールの中心にぶつける

ボールの中心を手の中心でとらえることが重要です。手のひらを大きく広げて人差し指と中指の付け根の部分が、手の中心になります。この部分をボールの中心にぶつけることで、指が自然とボールの上部に引っかかり、スピードの源であるトップスピン（ドライブ回転）が生み出されます。

効くツボ 2

ヒジを曲げずに
体幹を使って打点を高くする

右利きなら右肩と左股関節をつなぐ延長線上でボールをとらえると、スムーズに体幹を使えます。また、ヒジが曲がると肩に力が入り、うまく体幹を使えません。打点を高くすることが体幹を使うことになるので、そこで生み出したパワーを肩とヒジの可動域を利用してコースに打ちます。

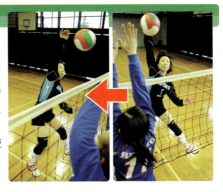

効くツボ 3

インパクトの場所を上下左右に
移動させ、回転の質を変える

打ち方によって、トップスピン、サイドスピン、バックスピンがかかります。インパクトの場所を上下左右に移動させるだけで、回転の質が変わるのです。ボールの中心を叩きつつ、手首を傾けて指先を斜めに向けたり、親指側や小指側により多く力をかけたりすることで、回転を変えられます。

やってみよう
ヒザをついて 6～9m 先に打つ

右利きの選手は右ヒザを床につき左ヒザを立てた状態で、トスアップしてもらったボールを 6～9m 先をターゲットにして打ちます。体幹を使えていないとふらついたり、強いボールが打てなかったりします。

できないときはここをチェック ✓

まずは、打つとどういう回転がかかりやすいのかを確認しましょう。自分のクセを認識して、それをベースにいろいろな回転をかけてみます。

知っているとひとつトクをする
オフザボールの動き　RANKING

チームスポーツの球技では、ボールを持たない選手、プレーをしていない選手の動きも重要です。そのためのバロメーターを確認します。

時間の細分化
プレーする時間（ボールコンタクトの瞬間）がタイミングゼロとします。その直前つまりタイミングー1で何をして、タイミング+1で次にどうするか、というように時間を細分化することで、プレーに必要な動作が理解できます。

予測をする
考えられるあらゆるプレーを頭の中に出し、できる限り選択肢を多くします。そして、現実に起こっていること、選手の力量などを考えながら、その選択肢をそいでいきます。自分の経験から次に起こることを想像し、それに対しての準備します。

コミュニケーション
予測以上にスピーディーな展開のときに、自分がどういうプレーするのかを、次にプレーする選手や周りの選手に伝えます。必ずしも声をかけるのではなく、アイコンタクトなど、様々な方法を取り入れてください。

リラックス
レシーブでボールを追うときに、アンダーハンドの手の形のまま、走っていませんか？　全身の筋力を効果的に使えると、より速く走ることができます。余計な力が入っていると、全身の力が使えず、逆にスピードが落ちてしまいます。

技術を十二分にいかすための技能

技術書ではどうしてもボールの扱い方ばかりが目立ちますが、それは技術だけのこと。試合で得点を重ねて勝利するには、技術だけでなく、その技術を十二分にいかすための技能が必要です。例えば、トスをあげる場合、あげる瞬間＝ボールタッチの瞬間をタイミングゼロとします。タイミング+3で、ブロックカバーに入るとすると、タイミング+1、+2では何が必要でしょうか。一般的に+1では、カバーに向けて走り出します。+2では、カバーに入った他の選手と位置取りが被らないように微調整します。しかし、思い返してください。タイミング+1のときに、ただあがったトスを見入っているだけではありませんか？　技をいかすためには、プレー以外の動きにも目を向けることが大切です。

実戦を意識した対人パス
ネクストタッチコントロール

技術面で不安があっても、1つ先のプレーへの準備や、味方同士の連携、コミュニケーションを高めることで、相手に攻撃する隙を与えません。

PART 2

ポイント		
18 ネットをはさんだ対人パスで、実戦を意識しながら相手を観察する — 48	**21** ゆっくりしたパスから速攻へ セッターへのパスは周囲1歩以内に — 54	**24** リバウンドを利用するには 事前の周知と、パワーのセーブも大切 — 60
19 攻撃につなげるブロックで 少し角度を付け、コースを絞り込む — 50	**22** ブロックを抜かせてレシーブ するとき、レシーブエリアに3人で入る — 56	
20 二段トスは両サイドの ボールをターゲットにする — 52	**23** ブロック直後に攻撃に入る には、自らプレーする意識と短く速い助走 — 58	

ポイント **18** ▶▶▶ ネクストタッチコントロール

ネットをはさんだ対人パス
で、実戦を意識しながら相手を観察する

> **ココが直る** ボールと自分の1対1を意識することで、プレーに余裕ができて周りが見えてくる。

バレーボールにおける組織力とは、究極の個人技の集合体

バレーボールはチームスポーツですが、いちどにボールに触れる人数は1人です。そのとき、**ボールと選手の関係は1対1**となります。よくチーム作りにおいてフォーメーションなどの組織プレーが議論されますが、この1対1の関係を無視することはできません。なので、バレーボールの組織力とは、究極の個人技の集合体といえます。個人技を磨くためにも、普段の練習から、ネットをはさみ、実戦をイメージしながら、対人パスをしてください。

効くツボ
1. 対人パスで実戦をイメージ
2. 打つ側のコントロールを優先
3. 目線や動きのクセを見つける

効くツボ 1

対人パスで実戦をイメージし取れないところに打つ練習

相手スパイカーの攻撃に備える、相手の取れないところに打つといった状況は、対人パスで再現できます。かつてロシアのチームが、対人レシーブだけで守備力を強化した逸話もあります。普段の練習ではネットをはさんで対人パスをします。すると、より実戦をイメージした練習ができます。

効くツボ 2

レシーブ力よりも打つ側のボールコントロールを意識

まずは、レシーブ力よりも、打つ側のボールコントロールを意識してください。弱い打球でも、回転がかかっていなくても、とにかく相手に向かって打つ。その次は強く打つ、弱く打つ。最後に相手の守備範囲の限界を見極めて打つ。こうすることで、攻守両方の上達が見込めます。

効くツボ 3

相手選手の目線や動きを意識して、クセを見つける

ネット越しの対人パスでは、ネットで視界が妨げられるので、ボールだけではなく、相手の目線や動きにも意識を置きます。そうすると相手がボールを打つ前にどこを見ているのか、腕の振りなどのクセが発見できます。ボールは、打たれなければ向かってこないので、慌てずに相手を観察します。

やってみよう
ルールを工夫して1対1のゲーム

コートを縦に2分割したり、6人制のアタックラインを利用したりして、1対1のゲームをしましょう。そのときに、ボールタッチの回数や、パスだけかヒットも可能か、といったルール調整をしてください。

できないときはここをチェック ☑

ボールを見ているかどうか、もう一度確認してください。プレーしていると、夢中になってボールを見ずにプレーすることがよくあります。

ポイント 19 ▶▶▶ ネクストタッチコントロール

攻撃につなげるブロックで少し角度を付け、コースを絞り込む

> **ココが直る** 攻撃の成否は守備からの連動だという共通認識が生まれ、チームワークが良くなる。

攻撃につなげられるブロック技術に焦点を当てる

　試合で勝つ、つまり得点するためには、攻撃力がカギとなります。**攻撃チャンスは常に相手から来たボールを切り返すことで発生する**事実を認識しましょう。となると、守備から攻撃へ移る（トランジション）には、ブロックについて考えなければなりません。といっても、急に背を伸ばしたり、ジャンプ力を向上させたりすることは難しいので、攻撃につなげられるブロック技術に焦点を当てていくことが大切です。

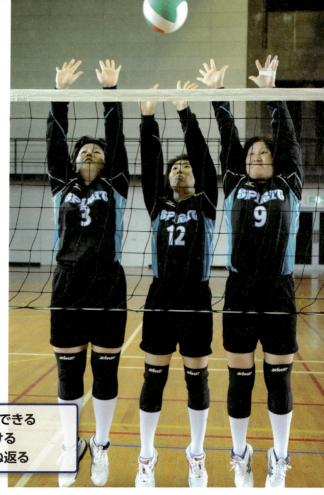

効くツボ
1. ジャンプせずブロックできる
2. ほんの少し角度を付ける
3. 手のひらの方向に跳ね返る

効くツボ 1

打ちおろされるボールは
ジャンプしなくてもブロックできる

人間の手のひらは、触覚が敏感な部分の1つです。相手の攻撃を手のひらに当てることで、ボールをコントロールしてください。ほとんどのスパイカーは上から下に打ちおろすため、ほとんどジャンプできなくても、ブロックは効果があるのです。

効くツボ 2

ほんの少し角度を付けて
スパイクコースを絞り込む

2枚の写真の違いが分かるでしょうか。スパイカーに対して、自分の外側（一般的にクロス側）の手のひらにほんの少し角度を付けてブロックするだけで、スパイクコースを絞り込むことができます。これだけで、スパイクがブロックの脇を抜ける確率をさげることができます。

効くツボ 3

手のひらが向いているほうに
跳ね返る

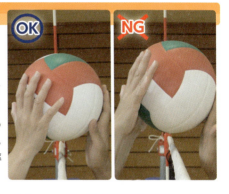

ボールが壁に当たる角度によって跳ね返り方が違います。ブロックも同じで、相手の打ち込む角度によって跳ね返り方が違います。手のひらが向いているほうに基本的にボールは跳ね返ります。「浮かせる」か「落とす」かは、トスがネットから近いか遠いかで判断してください。

やってみよう
目線や動きを見てブロック

ブロッカーの背後からブロッカーの頭上を越えるボールをスパイカーに向かって放り投げ、スパイクを打ってもらいます。そのときのスパイカーの目線や動きを見て、ブロックに跳んでみます。

できないときはここをチェック ☑

ブロックはボールを抑えることがいちばん大事なことなので、ボールがネット上を通過するタイミングをよく見ておくようにします。

ポイント **20** ▶▶▶ ネクストタッチコントロール
二段トスは両サイドのポールをターゲットにする

> **ココが直る** 守備力も攻撃力も自信があるのに、勝ち悩んでいたチームを脱皮させる。

ブロックが1打数となるため二段トスの機会がたくさんある

ポイント11でも触れたとおり、ブロックは1打数です。そのため、二段トスをあげることがたくさんあります。そこで、ただ二段トスをあげるだけの練習では、まったく効果がありません。二段トスをあげる状況とは、**予測をしない場所・タイミングからトスをあげるという緊急事態**がほとんどです。そして、トスをあげる選手の能力、スパイカーの能力、どちらとも瞬時に判断し、動かなければなりません。

効くツボ
1. 両サイドのポールがターゲット
2. センターにあげるのを避ける
3. ハーフはスパイク準備

効くツボ 1

ネット両サイドのポールを
ターゲットにする

段トスをあげるときは、数m、ときには10m以上遠くの空間にボールが落ちるように、コントロールをします。しかし、ターゲットがないと漠然としすぎて、コントロールしにくいもの。そこで利用するのが、ネットの両サイドにあるポール。とても目立つし、良いターゲットになります。

効くツボ 2

センターにあげると相手の
状況が分かりにくいので避ける

エーススパイカーがセンターにいる場合、センターに二段トスをあげるチームが多く見られます。しかし、センターの選手は、二段トスがあがってくるのを見ていると、相手のブロック、ディフェンス位置、ネットまでの距離が見られません。センターは避けて、両サイドにあげましょう。

効くツボ 3

ハーフは相手の状況を理解
しやすいのでスパイク準備を

同じセンターでもハーフの選手は、ネットから離れているぶん、相手コートの状況も少し見ただけで理解できます。または、あがるトスに焦点を置いたまま、周辺を見て状況が理解できるかもしれません。ですから、ハーフの選手もスパイクを打つ準備を。高さを気にせず角度をつけて跳びます。

やってみよう
目を閉じたり座ったりして二段トス

ボールを強く床に叩きつけてもらって、跳ねあがったボールを二段トスする練習をしてみましょう。そのときに、ボールが床につくまで目を閉じたり、座ったりしながら負荷をつけます。

できないときはここをチェック ☑

ボールの重さは300g程度。そのボールを10m飛ばすのに自分の体重を利用すればわけありません。パスは力ではなく、体重移動で飛ばします。

ポイント 21 ▶▶▶ ネクストタッチコントロール

ゆっくりしたパスから速攻へ
セッターへのパスは周囲1歩以内に

> **ココが直る** 相手が脅威を感じる攻撃とは、バリエーションの多さではなく、安定感。それが身につく。

相手からのイージーボールは、攻撃を決めるチャンス

相手からのイージーボールは、攻撃を決めるチャンスです。そのため、必ず得点に結びつくようにします。攻撃については、いろいろなスパイカーを使って複雑なコンビネーションを考えることはできますが、試合に勝ついちばんの近道は、**シンプルに、そして効果的にプレー**することです。単調なチームの攻撃をどうやって単調でなくするのか、単調ではないように相手に見せるのか。この**化かし合い**が、試合の醍醐味でもあります。

効くツボ
1. セッター近くにボールの頂点を
2. ゆっくりとしたパス→速攻
3. 返球はセッターの周囲1歩以内

効くツボ 1

セッターの近くにボールの頂点をもってくる

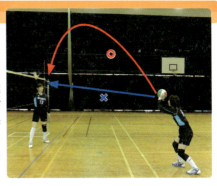

ボールは放物線を描き飛んでいき、頂点に到達するとあとは落下します。ボールの落下点がセッターに簡単にわかるか、少しのズレ（1、2歩移動）ですませるには、セッターの近くに頂点をもっていきます。そうすれば、縦の移動（落下）は大きいですが、横の移動は少なくなります。

効くツボ 2

大きくゆっくりとしたパスから速い攻撃で錯覚を誘う

攻撃に速さを求めるあまり、速いパス→速いトスでは、テンポに変化がつきません。スピードによって難易度があがるのにもかかわらず、単調に見えてしまいます。そこで相手の目の錯覚を利用し、大きくゆっくりとしたパスを出して、速い攻撃をすれば、攻撃が普段よりも速く感じられます。

効くツボ 3

パスの返球はセッターの周囲1歩以内

相手（とくに中央）のブロッカーは、セッターを基準にブロックをスタートするので、常に同じ位置からトスをあげるのは避けます。そこで、パスの返球はセッターの周囲1歩以内にします。ただし、セッターがネット際に立つと、返球がネットを越えるリスクが高くなるので注意します。

やってみよう
攻撃は、「距離、時間、空間」

攻撃のポイントは、「距離、時間、空間」を変えていくことです。この点を意識して、チーム全体が動ければ、パスが安定し、ダイナミックな攻撃が展開できるようになります。

できないときはここをチェック ✓

パスの高さをチームでそろえることが必要です。5mといったら全員がその高さにあげられるほどのボールコントロールを身につけることが重要です。

ポイント **22** ▶▶▶ ネクストタッチコントロール

ブロックを抜かせてレシーブするとき、レシーブエリアに3人で入る

> 💡 **ココが直る** ディフェンスが苦手なチームや選手が、克服するきっかけを得ることができる。

攻撃に対し、ブロックだけでなくレシーブも含めて9人で対応

　スパイカーは常に孤独。たった1人でボールを打つ(攻撃する)のに対し、こちらはブロックだけでなくレシーブも含めて9人で対応します。それが相手へのプレッシャーとなり、いずれ相手攻撃陣の力を失わせることになるのです。ブロックでショックを与えることも有効ですが、**ブロックとレシーブの連動による守備**では、相手スパイカーに決まらないという印象をもたせることが、ボディブローのように、じわじわと効いてきます。

効くツボ
1. 遠い距離を打たせる
2. レシーブエリアに3人入る
3. あいだにレシーバーを入れる

効くツボ 1

スパイカーの打点から遠い距離を打たせる

写真はレフト攻撃に対する守備です。ブロックがストレートコースを塞ぐことで、強打を打てるコースは、クロスに限られています。このようにスパイカーの打点から遠い距離を打たせることによって、スパイカーの打球がレシーブの手元に来るまで時間がかかるので、準備に余裕がもてます。

効くツボ 2

抜かせたレシーブエリアには3人入る

ツボ1で相手の攻撃を限定することに成功したとしても、油断はできません。ブロックを抜けてくるということは、強打が来るということ。1人よりも3人など複数人のほうが、拾える確率があがります。その人数についてはポイント43を参考にしてください。

効くツボ 3

ブロックのあいだにレシーバーを入れるなどの約束事を決める

ブロッカーは遅れたときでも必ず追いかけます。スパイカーは、ブロッカーが遅れたのを見つけると、下に打ち込む習性があります。なので、レシーバーは、それを逆手に取ってください。このことをブロッカーに徹底させて、レシーバーがブロックのあいだに入る約束事を決めます。

やってみよう
どこをおさえるのかサインを作る

ブロックでどこを抑えるのか、チームでサインを作ってみてください。試合中も臨機応変に変えて、それをバックのレシーブにも伝えることができれば、チームディフェンスが完成します。

できないときはここをチェック ✓

ブロッカーは自分の意思を伝えていますか？ レシーバーはブロッカーの評価や自分の意見を伝えていますか？とにかく会話をすることが大切です。

ポイント 23 ▶▶▶ ネクストタッチコントロール

ブロック直後に攻撃に入るには、自らプレーする意識と短く速い助走

 レシーブが拾えても攻撃につながらない、という状況を改善する。

1つ先のプレーへの準備を怠らない

　審判が笛を吹くまで、常にプレーは続いています。1人が連続でボールをプレーすることはできませんが、1つ先のプレーへの準備を怠ってはいけません。ブロックを跳んだら終わりではなく、次のプレーに備えます。必ず**自分がプレーをするという意識**と、**次の動作への準備**、そして**ボールがどこにあるのか**を見極めてプレーしてください。疲れて動けなくても、自分の役割を果たすことが、良いチームワークを生みます。

効くツボ
1. 必ず自分がプレーする意識で
2. 短く速い助走、体の動きに注意
3. ハーフがアタックで攻撃

効くツボ 1

必ず自分がプレーする という意識をもつ

ブロック直後に攻撃をするためには、長い助走を取ることは重要ではありません。何よりも得点が優先されるので、ジャンプだって必ずしもする必要はありません。そこで必要なのは、必ず自分から積極的にプレーする意識と次の動作への準備、ボールがどこにあるのかという情報の収集です。

効くツボ 2

短く速い助走、床の蹴りや 腕の振りあげに気を配る

この状況のスパイクでは、明らかに時間がありません。よって、長い助走ではなく、短く速い助走を心がけてください。また、踏みこみからジャンプ動作に入ると、スピードがやや落ちるのが選手の一般的な傾向です。床の蹴り、上半身、腕の振りあげのスピードに気を配ってください。

効くツボ 3

ハーフがアタックを打つことで 前衛より良い環境で攻撃できる

前衛はブロックに跳んでいるので、ハーフがアタックを打つことも有効です。自分がトスをあげる状況でなければ、じゅうぶんに相手コートを見る時間、助走を取る時間があるので、前衛の選手よりも良い環境で攻撃できます。また、二段トスも飛距離が短くてすむので、トスミスも減ります。

やってみよう
ブロックのタッチを数えずゲーム

コートを縦に分割します。2対2、もしくは3対3でゲームをしてください。1人が必ずブロックに跳んで、ブロックのタッチを数えずに、2本返しとします。1つ先のプレーを考えながら、おこないます。

できないときはここをチェック ✓

自分が今求められるプレー、また、次に予測されるプレー、その準備などを想像力をいかして、冷静に考えます。慌てると忘れがちになるので注意。

ポイント **24** ▶▶▶ ネクストタッチコントロール

リバウンドを利用するには
事前の周知と、パワーのセーブも大切

> 💡ココが直る　相手に隙を与えず、少ないチャンスをいかせる、洞察力に優れた確実なチームになる。

トスや自分の態勢が悪いときに有効

　スパイクが1本で決まれば見ていても格好良く、こんなに楽なことはありません。しかし、相手はそのスパイクをどうやって止めるか、拾うかを常に考えています。

　スパイカーは、常に得点をする心構えが必要ですが、**状況に応じてプレーを変化させなければなりません**。相手ブロックが良いとき、トスが悪いとき、自分の態勢が悪いときなどは、積極的にリバウンドを狙っていくようにします。

効くツボ
1. 手に向かってまっすぐ打つ
2. 味方に周知させておく
3. セーブしてフォローしやすく

効くツボ 1

ブロックの手に向かいまっすぐ打ち、止められるのを防ぐ

ス パイクとブロックには、物理学でいうところの、入射角と反射角の関係があります。うかつに下に打ちつけると、そのまま下に向かって返されてしまいます。もし、ブロックが見えているのであれば、ブロックの手に向かってまっすぐ打てば、止められることはまずありません。

効くツボ 2

リバウンドを狙うなら、事前に味方選手に周知させる

リ バウンドを狙いたいときは、だれかがブロックのフォローに入るようにしましょう。だれもいないのに、スパイカーがリバウンドを狙っても何の意味もありません。スパイカーが動作中であってもリバウンドを狙うのなら、あらかじめ味方に周知させておくことが大切です。

効くツボ 3

パワーをセーブして打つことでフォローをしやすくする

強 い力で打つとコントロールしにくく、ブロックに当たると跳ね返るスピードも速くて、フォローがたいへんです。そこで、パワーをセーブして打つことで、フォローをしやすくするのも1つの技です。また、打球が遅いとブロックのタイミングをずらすことができ、ミスを誘えます。

やってみよう
アタッカーはプッシュのみで返球

ネットから3mくらいにエンドラインを作ります。そして2対2のゲームをしてください。そのときスパイカーは、プッシュのみで返球します。強くボールを打たないようにしてください。

できないときはここをチェック ☑

力をセーブして打つ意識が強すぎて、逆にセーブしすぎていませんか。そうすると、逆にブロックに止められやすくなります。

知っているとひとつトクをする

得意な動くエリアの見つけ方　RANKING

すべての方向へ動けるのが理想ですが、
現実には難しいこと。まずは、自分の体の動きを理解して、
得意なエリアを見つけます。

1 柔軟性を見極める
柔軟性は、動き出す速さに直結します。右足はやわらかく大きく横に出せても、左足は硬くて難しい。そんな人は、右側に動くほうが有利です。

2 左右に首を回す
人間は、基本的に顔の向きと同じ方向に進みます。直立して肩の力を抜き、首を左右に回します。回りにくかったり、つらさがあったりする方向が、苦手ということになります。

3 苦手なエリアを気にしない
例えば、左に動くことが苦手なら、左足をライン近くに置いてください。これなら動くべき位置がすべてアウトになるので、苦手な動きをせずにすみます。

4 得意なエリアを広げる
自分のできることに対しては、探究心や集中力が持続しやすいもの。一つでも得意なことがあれば、さらに工夫しましょう。それが自信につながります。

5 ステップワークを考える
ステップワークは、より効率良く動ける方法として編み出されました。様々な技術本にも取りあげられているので、ぜひ練習してください。

選手生命が危ぶまれても……

とある医師に聞いた話です。医師が、オランダのプロサッカーチームに見学に行ったとき、ヒザのケガがたいへんひどく、歩き方もアンバランスな選手がいたそうです。片足の可動域が極端に狭く、伸ばしきれず曲げきれない状態でした。「プロとしての選手生命はもう終わりだな」と、思ったそうです。翌日、3万人以上の観衆で溢れるそのチームの試合を見に行きました。そこで、大観衆の声援を一身に受け、大活躍していた背番号10番の選手こそ、医師が選手生命の終わりを感じた選手でした。この選手のように、自分の体の状態を理解しながら、自分の得意な動き方を見つけることが大切なのです。

省エネプレーで体力温存
セルフボディコントロール

無駄な動きをなくすには、自分の体の動きと役割を知ること。
リラックスした状態が、いざというときの爆発力につながります。

PART 3

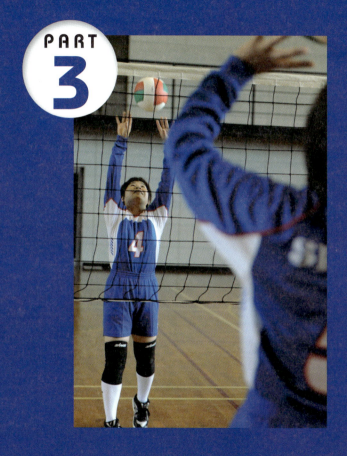

ポイント		
25 ウォーミングアップで 実戦に慣れつつ、モチベーションUP -64	**27** 無駄に動かず、役割を はっきりさせて省エネプレーを実践 -68	**29** ボール2個パスで目を慣らし 周辺視野・動体視力を養う -72
26 自分のディフェンスエリア を前後左右に周囲3歩程度でとらえる -66	**28** 動きはすべて「脱力→入力」 上半身のリラックスが爆発力を生む -70	**30** 打球を追って動けるように 「触れない」から「あげる」まで段階を踏む -74

ポイント **25** ▶▶▶ セルフボディコントロール

ウォーミングアップで実戦に慣れつつ、モチベーションUP

 いつ何時、どんな状況でも自分のベストパフォーマンスを引き出す状態が作れる。

ウォーミングアップを慢性化、単調化させない

ウォーミングアップの本来の目的は、**練習に向けて体を慣らす**こと。普段の練習では最初に行うため、どうしても練習ドリルの1つとして慢性化、単調化が進みます。そのため、実際の練習が始まると、出だしで100％力が出ないことがあります。また、ウォーミングアップは、調子をはかるバロメーターであり、やる気をアップさせるキッカケになります。モチベーションを引きあげ、期待感を高め、心身ともに臨戦態勢を作ります。

効くツボ
1. コントロールの調子を整える
2. 実戦と同じ軌道に慣れる
3. 次の動作に切り替える

効くツボ 1

頭上へ放り投げたり、キャッチする位置を変える

ま ずは、1人でボールをもち、頭上に放りあげます。3mの高さまでとか、身長＋2mの高さまでなど、高さと勢いをコントロールします。また、体の前で投げて背中でキャッチ、自分の最高点でキャッチ、最低点でキャッチなど、工夫することでボールコントロールの調子を整えます。

効くツボ 2

ネットをはさみキャッチボール 実戦と同じ軌道に目と体を慣らす

ネ ットをはさんでキャッチボールから始めれば、実戦と同じボール軌道に目と体を慣らすことができます。投げる(打つ)スピードや高さ、リズムを変化させることでバリエーションが広がります。また、ボールを2つもつと、ボールに触る時間が2倍になります。

効くツボ 3

プレーしたあとは 次の動作に切り替える

ネ ット越しに2人で2個のボールを使い、パスをします。自分が出したボールに気を取られると、次にくるボールを見落としてしまいます。プレー後は次の動作に切り替えます。試合の中では頻繁に出てくる状況ですが、集中力も必要になるので、短時間でかなりの運動量となります。

やってみよう
ボールでお手玉やジャグリング

1人で2、3個ボールをもって、お手玉やジャグリングをします。また、2人で2個のときは、1つはパス、1つはサッカーのように足でパスをしてみます。いろいろな動作で、早くボールに慣れることです。

できないときはここをチェック ✓

あくまでも体を慣らす、暖めることが目的なので、自分のペースでやります。また、時間を設定し、その中でどこまで高めるのかを常に意識します。

ポイント **26** ▶▶▶ セルフボディコントロール

自分のディフェンスエリアを前後左右に周囲3歩程度でとらえる

 最低限のディフェンスエリアを設定することで、自分に必要な動きが明確になる。

得意な方向の守備範囲を広げポジション、グレーゾーンを知る

9m×9mの狭いエリアの中で、9人もの選手がプレーします。動きすぎると周りの選手の邪魔になるため、ディフェンスエリアは立っている位置から前後左右に周囲3歩程度とします。逆にいえば、そのスペースが、ディフェンス時にその**選手が責任をもって守るべきエリア**です。とはいえ選手によって動きやすいエリアは様々。得意なエリアに多く動くようコンバートしたり、位置取りしたりすることが大切です。

1. 得意な方向を広げる
2. 苦手方向から得意な方向へ
3. グレーゾーンの程度を知る

効くツボ 1

得意な方向のディフェンス
エリアをさらに広げる

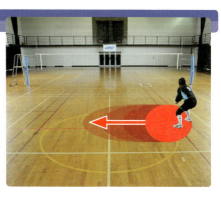

人にはそれぞれ動きやすい方向、動きにくい方向があります。苦手な方向に動くことを考えるより、得意な方向のディフェンスエリアをさらに広げます。全体的にバランスよく動くことも重要ですが、得意なエリアを拡大していくことで、「動ける」という自信につながっていきます。

効くツボ 2

苦手方向への動きを少なくし
得意方向へ多く動ける位置へ

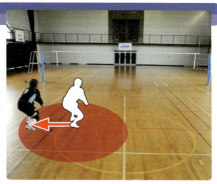

ツボ1の得意エリアの拡大は、苦手な方向への動きを少なくし、得意な方向へ多く動くようなポジションを取ることで、さらにいかされます。苦手な方向へは1歩しか動けなくても、得意なエリアへは5歩動ければ、周囲3歩ずつディフェンスするという責任は果たせます。

効くツボ 3

グレーゾーンがどのくらい
あるのかを知る

ディフェンス時に隣の選手がどういう動きをして、どういう位置関係にあるのかも頭に入れておきます。2人ともレシーブできるグレーゾーンがどの程度あるのか、また、そのグレーゾーンにボールが入った場合、どちらが優先的に触りに行くのかなど、約束事を決めておきます。

やってみよう
ブロックも決まりを作る

ある程度ディフェンスエリアが確立できて、隣の選手とも約束事が決まったら、ブロックを含めた、より複合的で立体的なディフェンスについても約束事を決めます。セカンドタッチも考えてみましょう。

できないときはここをチェック ✓

いきなり周囲3歩が難しいときは、前後左右に1歩ずつからはじめて、自身のディフェンスエリアを少しずつ拡大していきます。

ポイント **27** ▶▶▶ セルフボディコントロール

無駄に動かず、役割を はっきりさせて省エネプレーを実践

動かず観察することで周りが見えるようになり、落ち着いたプレーができるようになる。

省エネプレーは、「手を抜く」ということではない

省エネプレーは、手を抜くことではありません。よかれと思って必要以上に動いてしまい、それがチームに悪影響を与えてしまうような場面をよく見かけます。**チームやゲームを観察して、なにが必要かを理解する**ことが大切です。

また、あの人はやってくれる、という信頼関係ができていれば、無駄に動かずにすみます。省エネプレーができているということはチーム内の選手全員が効率よく動けている証拠です。

効くツボ
1. 無駄に動かない
2. 選手の可動域などを把握する
3. 役割をはっきりさせる

効くツボ 1

誤解されないよう、無駄に動かない

ボールの動きが一瞬で変わってしまうのが、バレーです。その一瞬のあいだに、不要な動きをしてしまうと、他の選手が「ボールに触りに行っている」という誤解を生みます。それは仲間のプレーを邪魔することになりますので、無駄に動かないことは重要なプレーの1つといえるのです。

効くツボ 2

ボールの動きや選手の可動域を把握する

「この選手がボールを触るとこっちに来やすい」など、ボールの動きや選手の可動域を把握します。たくさんの選択肢を「予測する」ことで、省エネプレーにつなげます。予測するためには、たくさんの情報を集める必要があるので、集中してボールの動き、選手の動きなどを観察します。

効くツボ 3

役割をはっきりさせて無駄な動きを少なくする

チーム内で役割がはっきりしていれば、無駄な動きがほとんど生まれません。チーム全体がよく回っているときは、適材適所で無駄な動きをする選手がいない状態になります。個人の感覚でプレーするのではなく、チームとして必要な動きをすることで、最小限で最大の効果を生み出します。

やってみよう
動きをいったんやめ、影響をみる

チームの役割として、自分のやるべき動きが必ずあります。また、逆に特にやらなくていい動きもあるはずです。その動きをいったんやめてみて、チームへの影響などを知ると、何をすべきか見えてきます。

できないときはここをチェック ☑

ビデオなどでチームの動き・自分自身の動きなどをチェックし、お互いにいいところ・悪いところなどを指摘し、改善策を見つけていきます。

ポイント **28** ▶▶▶ セルフボディコントロール

動きはすべて「脱力→入力」
上半身のリラックスが爆発力を生む

> **ココが直る** 無駄な力を抜いて早く動けるようにし、可動域を広げてパワーアップする。

必要のないときは、適度に力を抜いておく

つねに身体に力が入っていると、プレーのときマイナスです。爆発力は、**脱力→入力**のときに生まれます。そのためには必要のないときは、適度に力を抜いておくことが重要です。さらにバレーでは上半身より下半身に力を入れてプレーすると動きがスムーズになります。

力を入れて力（りき）まない、脱力から爆発するという２つを取り入れましょう。力を抜くことは意外と難しく、これもプレー上達に必要なスキルです。

効くツボ
1. リラックスして踏みこむ
2. 「上虚下実（じょうきょかじつ）」
3. ヒジと肩に力を入れない

効くツボ 1

スパイクのとき、リラックスした状態で踏みこむ

ス パイクを打つ場合、ボールのインパクトのときに爆発力が必要です。必要な瞬間に、いっきに爆発できるよう、その前の段階では、ある程度リラックスした（ニュートラルな）状態で踏みこんでください。他のプレーでも考え方は同じです。必要なときにいっきに力を入れます。

効くツボ 2

「上虚下実」で上半身の力を抜き下半身ですばやく移動

「上 虚下実」という言葉があります。これは、上半身の力が抜けていて、下半身が充実しているという意味です。バレーでは、下半身ですばやく移動し、上半身で楽にボールをコントロールすることにつながります。上半身に力を入れる瞬間は、意外と少ないということを理解します。

効くツボ 3

ヒジと肩の力を抜くと体幹が上手に使える

ツ ボ2の続きで、上半身、とくにヒジと肩に力が入ってしまうと、体幹の力を使えず、良いプレーができません。ヒジと肩（肩甲骨）はボールをコントロールするという、もっと重要な役割がありますので、力を入れてしまうと、パフォーマンスダウンにつながります。

やってみよう
身体のどこに力が入るか確認

ヒジを曲げた状態、伸ばした状態で押しあいをして、そのときに身体のどこに力が入っているか確認します。曲がった状態では肩に力が入り、伸ばした状態では体幹（腹筋・背筋）に力が入っています。

できないときはここをチェック ☑

爆発力が必要なプレーのときに腹筋に力を入れるように意識してみましょう。肩やヒジから意識を逸らすことで脱力につながります。

ポイント **29** ▶▶▶ セルフボディコントロール

ボール2個パスで目を慣らし
周辺視野・動体視力を養う

ココが直る　周りが見えないと悩んでいる選手も、これを実践することで解決できる。

いろいろな情報を視覚でとらえプレーの動きに役立てる

　脳から各筋肉へ指令が出て体が動かされることで、バレーボールのプレーにつながります。脳は、情報を得ることで出てくるいくつかの選択肢から、自分にあった情報を選びます。

　では、その情報はどこから得られるのかというと、**80％以上が視覚**です。視力は年齢とともに衰えるので時間はかかるのですが、練習で鍛えることができます。ボール2個練習はその1つ。練習で視野を広げてください。

効くツボ
1. 周辺に見える情報を集める
2. 直前に相手の顔を見る
3. 切替点を滑らかにつなぐ

効くツボ 1

2個のボールを2人でパス
周辺に見える情報を集める

ポイント25でも触れましたが、2個のボールを2人でパスしあいます。自分がプレーしたボールをぼんやり眺めていても、行き先は変えられません。それよりも次のプレーへの準備が大切です。ボールに焦点をあわせたまま、周辺に見えるものの情報を集めてください。

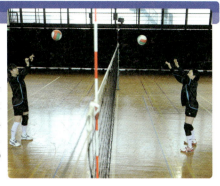

効くツボ 2

対人パスでボールに触る直前に
相手の顔を見る

パスアンドゴー、パスアンドルック、といった動作をします。対人パスをしてボールに触る直前に相手の顔を見たり、相手に指サインを出してもらったりして、それを読み取るなど、バリエーションは無限です。あるいは上にあがったボールからいちど目線を逸らす(切る)のも、有効です。

効くツボ 3

動き続けるには切替点を
滑らかにつなぐ

人間は同時に2つのことができません。ジャンプ、走る、パス、といった動作のあいだに、必ず切替点があり、無自覚ながらそこで停止します。上手な選手はこのつなぎが滑らかなので、止まることなく見えるのです。失敗を恐れずに、まずは動くことからはじめてください。

やってみよう
ボール2個で9対9のパスゲーム

9対9のパスゲームをボール2個で行います。そして、1本返し、3本返しなどのルールを設定してください。これには、動体視力、周辺視、瞬間視、深視力とあらゆる要素が詰まっています。

できないときはここをチェック ✓

ずっとボールを見ていないと不安になりますが、あがったボールは必ず落ちてきます。ボールから目を離し、周りを見て情報を待ってください。

ポイント **30** ▶▶▶ セルフボディコントロール

打球を追って動けるように
「触れない」から「あげる」まで段階を踏む

自分は動けるという自信をもつことができ、積極的にゲームに参加することができる。

動けるか動けないかでメンタルに影響を与える

　9m × 9mのコート上に9人の選手がいるので、1人の選手が動く範囲は限られます。しかし、ラリー中は当然その範囲外へ動くこともあります。そのときに動けるか動けないか、それがメンタル部分にも大きな影響を与えます。相手の得点を防ぎ、自分の得点につなげるためにも大きな分岐点となります。動けないからとあきらめず、練習の中で**少しでも動ける範囲を広げられるように**意識的にボールに触れるようにします。

効くツボ
1. 動けるように段階を踏む
2. 予測し動かない→反応して動く
3. いつでも動ける自信をもつ

効くツボ 1

触れない→当たる→あがる→あげる、という段階を踏む

まずは、現時点で自分がどれだけ動けるか確認します。両手を伸ばし、上半身も左右に伸ばせば、足を動かさずに半径1mくらいはカバーできます。そして、触れない→当たる→あがる→あげる、という段階をふみ、ボールがあがるようになったらそのボールを次の選手につなげるようにします。

効くツボ 2

予測して先に動かずにボールに反応してから動く

動けるのにポジションの関係で動かないのか、関係なく動けないのかでは大きく違います。後者の動けない場合だと、予測した方向に先に動きたくて勝手に動いてしまい、相手にその逆をつかれて失点につながることがあります。予測して動かずに、ボールに反応してから動くようにします。

効くツボ 3

「いつでも動ける」状況を作り自信をもってプレー

短所を直すのではなく、長所をいかすのも手です。もし左に動くことが難しければ、左足をサイドラインにかけて守っても構いません。体が動かないまま、「ボールが来たらどうしよう」と不安を抱えているよりも、「これならいつでも動ける」状態を作ってプレーすれば、自信がもてます。

やってみよう
1人がプレーするエリアを広く

2、3人でパスからスパイクまでの三段攻撃をしたり、人数を少なくしてゲームをしたり、1人がプレーするエリアを広く取るようなメニューを取り入れて、無意識のうちに動くエリアを広げます。

できないときはここをチェック ☑

オーバーやアンダーで対応できなくても、足先などでかまわないので、まずはボールに触れることを最優先に考えて、プレーしてください。

知っているとひとつトクをする

試合会場で確認すること　RANKING

試合では、普段の練習と違う状況に、
戸惑うことが多くあります。戸惑いをなくし、
試合に集中できるように、準備と確認が必要です。

1 体育館
照明の位置、天井や壁の色を見て、ボールがあれば天井に向かって放り投げ、どう見えるのか確認してください。また、スタミナ切れのことも考えて、暑いか寒いかを確かめます。

2 コート
ラインを間違えないように、色の確認をします。また、ネットの張り、高さも確かめます。もし、セッターであれば、天井や壁面の梁などで、トスをあげるときの目印も探しておきます。

3 対戦相手
相手が前に試合をやるなら観戦します。タイムアウトなどのときのコミュニケーションで、意思の疎通ができていない選手から、チームが崩れるので、確認します。

4 試合順
順番を確認せずにいると、なんの準備もできないまま試合に臨むことになります。反省しても反省し足りないでしょう。出番までに、時間に余裕をもって行動できれば心にも余裕が生まれます。

5 チームメイト
お互いの選手の顔を見て、その日の調子を探ります。チームメイトはみんな同じように、味方の調子を知りたがっているはず。積極的なコミュニケーションで、チームの雰囲気を作ります。

情報収集が勝利への近道

人間は、慣れた環境では実力を発揮できるのですが、そうではない場所に置かれると、実力をうまく出せない場合があります。いつでも実力を発揮するには精神力が大切ですが、性格の問題もあるので、そう簡単にはいきません。では、だれにでもできることは何でしょうか。それは「徹底的な情報収集」です。

0から何かを生むより、1でもあったほうが、有利です。例えば、上を向いたときのまぶしさを見たり、コートのラインが普段の練習コートは白、試合は黄色という違いがないか確認したりします。コミュニケーションも意識して行いましょう。そうしたことがきちんと確認できれば、大きく勝利に近づきます。

エリアと時間と情報を知る

ゲームコントロール
戦術編

ローテーションや、ポジションの役割を見直すだけで、
チームはより変化に富んだ攻めと守りができます。
今すぐ取り入れたいチーム戦術。

PART 4

ポイント 31	サーブのローテーションは うまい選手を立て続けに並べない…78
ポイント 32	フォワードの選手がサーブ のときは、違う選手が代わりにブロック…80
ポイント 33	サーブのあとのセッターは ハーフの位置で、補佐的役割と攻撃参加…82
ポイント 34	ボールが集まるハーフには オールラウンドプレーヤーを配置する…84
ポイント 35	セカンドタッチでのトスが 難しければフロントゾーンへ高めにあげる…86
ポイント 36	大きな動きを横軸で作り 相手のブロックをずらす…88
ポイント 37	セッターの判断を遅らせる サーブを打って、攻撃を限定…90
ポイント 38	試合形式の練習で スムーズな技と技のつなぎや時間感覚を磨く…92
ポイント 39	強いチームを作るには レベルにとらわれず全員参加の練習をする…94
ポイント 40	試合で力を発揮するには 練習でも試合と同程度の脈拍数にする…96
ポイント 41	ボールデッド中のわずかな 時間は、情報の収集と交換にいかす…98
ポイント 42	連続得点を狙うには ミス前提でがむしゃらに打たない…100

ポイント **31** ▶▶▶ ゲームコントロール 戦術編

サーブのローテーションは うまい選手を立て続けに並べない

> **ココが直る** 勝負どころで勝負できる選手がサーブを打つと、チームがいっきに勢いに乗れる。

全員が良いサーブのチームというのは基本的にない

　サーブのローテーションは非常に重要です。1セットで、だいたい8〜11回サーブ順が回ってきます。2セット目はその続きから始まるので、どのようにローテーションを組むかによって、2セット目以降の流れが変わります。

　全員が良いサーブのチームというのは基本的にありません。良いサーバーとビギナーを**ローテーションのどこに入れるのか**決めておくと、サーブを軸にしたゲームの流れが想定できます。

効くツボ
1. スピードの緩急をつけた配置
2. 良いサーバーに多く打たせる
3. セット終盤に攻めるサーブ

効くツボ 1

強くて速いサーブの選手を立て続けに並べない

強くて速いサーブの選手を立て続けに並べると、同じようなサーブなので相手が慣れてしまいます。スピードは遅くても、コースを狙える選手などと織り交ぜてローテーションを組んでください。スピードに緩急をつけてコースを打ち分けることで、サーブがより効果的になります。

効くツボ 2

多く打つ順番が回ってくるように前半に配置

良いサーブが打てる選手に多く打つ順番が回ってくるように前半に配置します。順番が早いということはより多く回ってきますから、得点チャンスが増えることにつながるのです。しかし、サーブのいい順番で並べてしまうと、後半になるにつれて相手にとって脅威ではなくなるので注意です。

効くツボ 3

セット終盤にも勝負できる選手が回るように配置

各セットの終盤にも点を取れるサーバーが回ってくるように、ローテーションを組むのも忘れてはいけません。大量リードしているときには誰でも攻めるサーブが打てます。競っている場面でも勝負できる選手が、1セット目、2セット目の終盤に回ってくるように配置していきます。

やってみよう
いろいろなサーブ順を試す

練習試合などで、いろいろなサーブ順を試してください。順番を入れ替えてみると、意外な選手が効果的なサーブを打っていることに気がつくはずです。速くて強いサーブだけが、良いサーブではありません。

できないときはここをチェック ✓

野球の打順はサーブのローテーションを組む参考になります。選手の特性をみて、あなたのチームのイチローや松井を探してみてください。

ポイント 32 ▶▶▶ ゲームコントロール 戦術編
フォワードの選手がサーブのときは、違う選手が代わりにブロック

> **ココが直る** サーブで崩してブロックでチャンスを作る場面では、常にベストな状態にしておく。

ブレークを取るためには、サーブ後のブロックが大切

フォワードの選手がサーブを打つ場合、どうしてもブロックが手薄になってしまいます。余裕をもってプレーをしたり、落ち着いて良いサーブを打たせるためには、サーブ後にあわてて定位置へ戻るのではなく、**違う選手が代役としてブロックに参加し、**相手へのプレッシャーをゆるめないことが大切になります。ブレーク（連続得点）を取るためには、サーブ後のブロックが大きな役割を果たします。そのためのフォーメーションです。

効くツボ
1. ハーフがフォワードにあがる
2. サーブ後はバックかハーフへ
3. ラリー中にポジションを元に戻す

効くツボ 1

フォワードがサーブのときは
ハーフがフォワードにあがる

フォワードがサーブを打つときは、どうしてもブロックが1枚減ってしまいます。そこにあわてて戻ろうとせず、ハーフが代わりにフォワードにあがり、ブロックは最低でも4枚にします。効果的なサーブを打つフォワードが多いので、ブロックを増やして連続得点につなげます。

効くツボ 2

サーブを打ったフォワードは、
バックかハーフでプレーを

サーブを打ったフォワードは、サイドであればバックかハーフへ、センター線であればハーフにポジションを取ります。そして、そのラリーが終わるまでは、そのままのポジションでプレーします。数少ないチャンス時に、異なるポジションの選手が活躍すれば、チームはさらに盛りあがります。

効くツボ 3

ブロックから切り返すとき、
ポジションを元に戻す

ツボ2をさらにレベルアップさせて、ブロックから切り返すとき、ポジションを元に戻します。たとえば、ハーフにいたレフトサイドの選手が、ブロックから切り返すときにレフトに戻ってそのまま攻撃に参加し、ハーフの選手も戻ります。流れの中で動くので、コミュニケーションが大切です。

やってみよう
入れ替わりは臨機応変に決める

ブロックのあとに、どのタイミングで選手が入れ替わるのか、または入れ替わらないのかは、流れの中で臨機応変に決めるしかありません。ゲーム練習の中でそれぞれが状況判断をする場面を作ります。

できないときはここをチェック ☑

どの選手の代わりが誰なのかを、まず決めてください。そして、日頃からそのフォーメーションでの練習も取り入れていきます。

ポイント **33** ▶▶▶ ゲームコントロール **戦術編**

サーブのあとのセッターは
ハーフの位置で、補佐的役割と攻撃参加

> **ココが直る** ブロックでチャンスを作ったあとの攻撃までが、スムーズに進むようになる。

セッターがサーブを打つときのフォーメーションを考える

セッターがフォワードでブロックに参加するチームなら、セッターがサーブを打つときのフォーメーションも考えます。ポイント32で述べたように、最低4枚のブロックを最初から配置したいので、セッターの代役の選手がブロックで跳ぶ必要があります。**ハーフの選手が、第2セッター**の役割をもつことで、セッターをサーブに集中させます。第2セッターは、難しいコンビをやる必要はないので、ていねいなトスを意識してください。

効くツボ
1. ブロック後入れ替わる
2. ラリー中は補佐的な役割をする
3. ほかの選手と同じく攻撃参加

効くツボ 1

第2セッターがブロック後、第1セッターと入れ替わる

ハーフの第2セッターがフォワードでブロックをしたあと、可能なら第1セッターと入れ替わります。しかし、無理に入れ替わる必要はなく、第2セッターがトスをあげれば攻撃のリズムが変わるので、新しい流れを生むチャンスにもつながります。そのままセッターが交代しても効果的です。

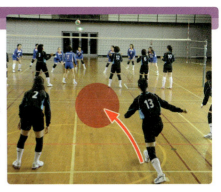

効くツボ 2

第1セッターはハーフに入り第2セッターとして補佐する

第1セッターはハーフの位置へ入り、そのラリー中は第2セッターとしての補佐的な役割を担います。サーブを打つときはサーブに専念しましょう。とはいえ、二段トスをあげる場面は必ずあるので、サイドスパイカーが打ちやすい、高めのトスをていねいにあげるようにします。

効くツボ 3

トスをあげないときは、ほかの選手と同じく攻撃に参加

ラリー中、第1セッターは、補佐的な第2セッターとして参加するわけですから、トスをあげないときは、ほかの選手と同じく攻撃にも参加し、攻撃パターンを増やしていきましょう。決めるスパイクではなくても、相手の体勢を崩すことができれば、攻撃の手助けとなります。

Let's やってみよう
セッター役を3人作る

コートの中にセッター役ができる選手が3人いれば安心です。その選手たちをフォワード・ハーフ・バックのそれぞれに配置し、状況によって入れ替えると、流れを変えるきっかけになります。

できないときはここをチェック ☑

打てなくても、攻撃に参加することはできます。パスで返したとしても、返球のポイントによってはじゅうぶんな攻撃になるのです。

ポイント **34** ▶▶▶ ゲームコントロール 戦術編

ボールが集まるハーフには
オールラウンドプレーヤーを配置する

> **ココが直る** プレーで信頼されている選手を配置すれば、その選手を中心にゲームを組み立てられる。

ハーフがバタバタしていると、チーム全体が不安定になる

ハーフは、フォワードの選手の代わりに前でプレーをしたり、セッターに代わったり、サーブレシーブをしたり、レシーブ後のトスをあげたりと、**いちばんボールタッチの回数が多く、状況判断もいち早く**する必要があります。また、どの選手からも近いため、ハーフがバタバタすると、チーム全体がばたつきます。ハーフの動きは、チームに与える影響が大きいので、プレーで信頼されている選手を配置するのがポイントです。

効くツボ
1. 遠距離トス→スパイク
2. オールラウンドプレーヤーを配置
3. 攻撃と第2セッターに分ける

効くツボ 1

ネットから離れてトスをあげ、スパイクにいく流れをおさえる

ハーフの選手には、レシーブしたボールやブロック後のワンタッチボールが集まりやすく、セッターの役割もします。また、ラリー中はセッターよりもトスをあげる機会が多い場合もあります。そのため、ネットから離れた場所からトスをあげ、スパイカーが打つ練習もしておきます。

効くツボ 2

チーム1のオールラウンドプレーヤーを配置する

ハーフの選手は、「打つ（スパイカー）」「つなぐ（セッター）」「拾う（レシーバー）」などさまざまなプレーが求められます。しかも、瞬間的にそれを判断し的確にプレーしなければなりません。そのため、チーム一のオールラウンドプレーヤーをハーフに置くことがベストといえます。

効くツボ 3

レフト側は攻撃的な役割 ライト側は第2セッターの役割

ハーフを2人配置する場合は、レフト側の選手に攻撃的な役割、ライト側の選手に第2セッターの役割をもたせます。様々なプレーが求められるポジションなので、二人の間にきたボールなど迷いそうなときには、どちらが優先的に触りにいくか役割分担をしておくことが大切です。

やってみよう
チーム全員がハーフを経験

チームの選手全員がハーフを経験し動きを理解することで、自分のポジションをプレーするときも何が必要か理解できます。また、守備的か攻撃的かなど、プレーの特徴もそこで確認しましょう。

できないときはここをチェック ✓

ハーフの適任者がいないときには、全員が順番にやってみてください。それが、チームの総合力アップにもつながります。

ポイント **35** ▶▶▶ ゲームコントロール 戦術編

セカンドタッチでのトスが難しければフロントゾーンへ高めにあげる

攻撃につながるセカンドタッチを意識して、得点チャンスを増やしていく。

**1本目で失敗しても
セカンドタッチでの修正でOK**

　ラリー中、2本目のボール（セカンドタッチ）がどのようにあがるのかによって、攻撃するのか、攻撃せずに返球するのか考えます。1本目がセッターに返らなくても、スパイクが打てるようにほかの選手がセカンドタッチで修正します。**ラリー中はだれもが2本目に触る可能性があります**。セカンドタッチ後のボールをほかの選手が攻撃につなげられれば、ラリーを制することができます。

効くツボ
1. スパイクが打てるトスをあげる
2. フロントゾーンへ高めのボール
3. スパイカーや相手の状況を知る

効くツボ 1
スパイクが打てるトスで得点チャンスを広げる

前述のように、2本目がただのパスではなく、スパイクが打てるトスになれば得点するチャンスが広がります。打って返球するのと、パスで返球するのとではどちらが得点になりやすいのかは言うまでもありません。スパイクが打ちやすいように、次の選手に優しいプレーを心がけましょう。

効くツボ 2
フロントゾーンへ高めのボールをあげ、時間を作る

2本目をどんなにトスにしたくても、難しいときがあります。そのときは、無理にトスにしようとするとミスにつながるので、フロントゾーン（ネットから3m以内）へ高めのボールをあげます。高めのボールは、次の選手が触るまでの時間を作ってくれるので、打って返すことが可能になります。

効くツボ 3
ラリー中のトスはスパイカーの体勢や相手の状況も頭に入れる

バレーはボールを落とせないため、全てのプレーに瞬間的な判断がともないます。どうしようと考えている間にボールは落ちてしまうので、その瞬間で何をすべきか判断しなければなりません。とくにラリー中のトスは、スパイカーの体勢や相手の状況も頭に入れることが必要です。

やってみよう
少人数ゲームで制限をつける

2タッチゲームで、相手から返球されたボールをそのままトスしたり、少人数でゲームをしたりして制限をつけることで、2本目が得点のカギになることを理解し、最後の攻撃につなげるプレーを増やします。

できないときはここをチェック ✓

迷って判断できない中でも、ボールに触らなければなりません。コートの真ん中でいいので、まずは高くあげることを考えます。

ポイント **36** ▶▶▶ ゲームコントロール **戦術編**

大きな動きを横軸で作り相手のブロックをずらす

ココが直る ブロックのプレッシャーに悩んでいるチームの攻撃力を、向上させることができる。

9mのネット幅を最大限活用した攻撃をする

効果的な攻撃は、**リズムの変調、スピードの変化、そしてスペースの利用**で成り立ちます。ママさんバレーはブロッカーの数も多いので、9mのネット幅を最大限活用した攻撃をしましょう。レフトとライトに打てるスパイカーがいないと無理と思うかもしれません。ポイントは、大きな動きを横軸で作ることです。相手のブロックをずらして、さらに縦軸ではスピードを変化させて、相手を翻弄することができます。

効くツボ
1. 周囲5m幅の攻撃を避ける
2. 自分から遠いサイドにトス
3. トスの高さに変化を持たせる

効くツボ 1

セッターの周囲 5m 程度の幅だけで攻撃を組み立てない

写 真の位置でセッターがトスをあげる場合、いくら速い攻撃であっても、セッターの周囲 5m 程度の幅だけで攻撃を組み立ててはいけません。なぜなら、相手のブロックがそこに集中して、捕まる可能性が高くなるからです。また守備も移動が少なく済むので、相手に拾われやすくなります。

効くツボ 2

セッターは自分から少しでも遠いサイドにトスをあげる

難 易度が上がりますが、セッターは、トスの基本として、常に自分から遠いサイドにトスをあげます。なぜなら、相手ブロッカーは、必ずセッターのそばからトスに向かって横移動するからです。その距離が少しでも遠いと、ブロッカーにズレが生じやすく、より攻撃が効果的になります。

効くツボ 3

トスの高さにバリエーションを持たせて、リズムを変調

セ ンター攻撃なら、リズムの変調を狙います。これは、トスの高さにバリエーションを持たせることです。攻撃の究極は、すべての攻撃陣が同時にスパイク助走を始めることなので、セッターに近いセンター攻撃は、より速いタイミングが必要です。ただ、サイド攻撃とのバランスには注意を。

やってみよう
ネットからの距離を変えてトス

横幅のスペースだけではなく、ネットから離れたり近づいたり、といった空間も利用してトスをあげてください。打球がネット上を通過するときのタイミングに、変化が生まれます。

できないときはここをチェック ✓

すぐに 9m 飛ばせなくても構いません。まずセッターは、自分の前後にトスをあげる練習をします。練習を重ねるうちにボールは飛ぶようになります。

ポイント **37** ▶▶▶ ゲームコントロール 戦術編

セッターの判断を遅らせる
サーブを打って、攻撃を限定

> **ココが直る** 相手の攻撃パターンを単純化させて、9mの幅を使った攻撃をさせないようにする。

わずかな労力で大きな成果を得るチャンスになる

今度は、自チームがサーブのときの相手の攻撃を抑えることを考えます。敵に9mの幅を使った攻撃をさせなければ、わずかな労力で大きな成果を得るチャンスとなります。すなわち、**相手の攻撃の選択肢を1つでも減らす**ことで、攻撃パターンを単純化させることができます。相手の攻撃を抑えるには、①セッターが後ろにさがるようなサーブ、②相手の判断力が遅れるサーブ、③アタッカーを狙うサーブ、を打つことがカギになります。

効くツボ
1. セッターが後ろにさがるサーブ
2. 判断が遅れる位置にサーブ
3. スパイカーに1本目を触らせる

効くツボ 1

セッターが後ろにさがるように
サーブを打つ

　すべての攻撃は、セッターがボールが出てから始まります。なので、セッターがトスしにくい、と思う状況に追いこみ、プレッシャーをかけます。まずは、セッターを動かすサーブをします。人間は前よりも後ろに進むほうが難しいので、セッターの位置を見て、後ろにさがる位置を狙いましょう。

効くツボ 2

相手の判断が遅れる可能性の
高い位置にサーブを打つ

　サーブのイン・アウトの確率は原則的に50％です。試合状況や選手の能力によって、その比率は変化しますが、ボールコントロールができれば、コート中央に打つのもライン際に打つのも、難易度に差はありません。相手の判断が遅れる可能性の高い位置に、サーブを打つことが鉄則です。

効くツボ 3

スパイカーを1本目のボールに
触らせ、打つ準備をさせない

　スパイカーは打つ＝3本目のことを考え、準備をしています。しかし、その選手が1本目のボールに触ると、打つための準備ができず、レシーブの移動でじゅうぶんな助走位置が確保できません。触らせることで、テンポを崩し、スパイクのアプローチができないようにするのが狙いです。

やってみよう
サーブにストーリー性をもたせる

2本打のサーブにストーリー性をもたせます。もしレシーブの苦手な選手がいれば、連続して狙ってもいいですし、常に違う位置からクロス・ストレートに打ち分けるなど色々考えることができます。

できないときはここをチェック ✓

サーブ練習では、常に狙いどころを意識して打つようにします。最初のうちは、目印になるものをおいて、練習するのもいいでしょう。

ポイント **38** ▶▶▶ ゲームコントロール 戦術編

試合形式の練習で
スムーズな技と技のつなぎや時間感覚を磨く

 練習時間の少なさがチームの弱さだと思っているチームの意識改革ができる。

練習は回数ではなく精度や質を高く保って行う

　練習は量が多ければ良いというものではありません。精度や質を高く保っていれば、週1回の練習でもじゅうぶん上達できます。実際、選手のスケジュールや体育館の問題で練習日が取れないこともあるので、練習にも工夫が必要です。

　練習では、**大会などの実戦で流れる時間をイメージ**し、精度を保つために**参加者全員がボールに触る**プログラムを増やすことで、短時間の練習でも効率良く上達できます。

1. あらゆる技術を身につける
2. 試合形式の練習を取り入れる
3. 休憩はセット間程度

効くツボ 1

あらゆる技術はハーフコート・ミニゲームで身につける

技術の習得は、パスゲームやハーフコート・ミニゲームを中心におこないます。技術を細分化し、単一のドリルに時間を費やすチームを多く見かけます。しかし、試合では、あらゆる技術がつなぎ目なく流れるので、それぞれの技術をスムーズにする練習を中心にしたほうが、効果的です。

効くツボ 2

試合形式の練習を取り入れチームの一体感を得る

試合形式の練習を必ず取り入れます。普段の1試合は、約2、3セット、40～60分間と考え、同じように行います。バックコートゲームやオフェンス組対ディフェンス組など変化もつけます。選手が一番楽しいのは試合です。その楽しさを選手間で共有することで、チームに一体感も生まれます。

効くツボ 3

休憩はセット間程度にし、体力回復、リフレッシュする

マさんバレーの1セットは約20分間です。そのセット時間に、1つの練習（複数ドリルの組合せ）を行います。そして、セット間程度の休憩を入れます。休憩は体力の回復、メンタルのリフレッシュのために必要です。5分以上休憩すると、体が冷えたり、モチベーションの低下をまねきます。

やってみよう
細分化しドリルを組み立てる

セットを細分化させると、1ラリーが30秒程度、ラリー間が12秒程度になります。その時間を意識してドリルを組み立て、ラリー中は心拍数を高くして、ラリー間は抑えるなど、メリハリをつけてください。

できないときはここをチェック ☑

長時間練習しないと不安なチームは、個人練習に時間を使いすぎたり、練習に集中できていない場合がほとんど。ドリルを見直してみてください。

ポイント 39 ▶▶▶ ゲームコントロール 戦術編

強いチームを作るには
レベルにとらわれず全員参加の練習をする

> **ココが直る**　すべての選手が参加する練習をすれば、全員上達でき、より強いチーム作りが実現できる。

参加した全員が充実感を得られるプログラム作りを

　選手は生活の合間に時間をみつけて、練習に参加します。だからこそ、**たくさんボールに触れて、練習できる**ようにします。

　選手は、練習や試合に100％集中して臨めるように、ボール拾いや準備をコーチやスタッフが行います。もちろん、すべてのチームにコーチやスタッフがいるわけではないので、そのときは**全員で準備**します。みんなが練習をした充実感をもって体育館を出られる練習プログラム作りが大切です。

効くツボ
1. 全選手のレベルを超えた練習
2. 複合練習をする
3. ボール拾いは全員で

効くツボ 1

全選手のレベルを超えた練習を することで、レベル差を隠す

チーム内の選手によってレベルの差はあります。そのレベルを意識せず、全選手のレベルを超えた練習をすることで、練習の精度を落とさず、レベル差を少なくすることができます。数人の円陣パスでボールを複数使うなど、本来のバレーにない状況を作り出すことが、その一例です。

効くツボ 2

つながりに焦点を当て、 複合練習をする

バレーは、すべての技術がつながることでゲームになります。このつながりに焦点を当て、複合練習をします。究極は9対9のゲーム練習ですが、ゲーム練習では意図がぼやけるので、攻撃方向や守備位置を指定（制限）するなど条件を設定して、つながりを意識した練習をします。

効くツボ 3

カゴが空になってから 全員で効率よくボール拾い

たくさんボールをもっているなら、カゴが空になってから全員でボール拾いをしましょう。短時間でボールを拾えて、あいた時間で休憩が取れます。ただし、コート内にボールが入るのは危険なので注意が必要。また、1人が練習して、その他全員がボールを拾う非効率なやり方も避けます。

やってみよう
練習に肉付けをしていく

1対1の対人パスから、ネットをはさむ練習、レシーバーを増やす、ブロッカーを増やす、スパイカーを増やす、と肉付けをしていきます。そうして、段階的にゲームになるように組み立ててください。

できないときはここをチェック ✓

後衛の選手が前衛でプレーするように、ルールや既存のポジションにとらわれず、自由な発想でドリルを実践してください。

ポイント **40** ▶▶▶ ゲームコントロール 戦術編

試合で力を発揮するには
練習でも試合と同程度の脈拍数にする

 試合で、出だしに失点が多かったり、最初は動きが悪かったりする状態が改善される。

試合中1分間の脈拍は90〜100
ラリー中は30秒間で120〜140

個人差はありますが、試合中、1分間の平均脈拍数は約90〜100程度で約1時間続きます。ラリー中は約30秒間で120〜140にあがり、ラリー間やセット間には脈拍が落ちます。これは、ゆっくりとした長距離走に短距離走があわさる状態と同じです。試合で力を発揮するには、練習でも同じくらいの脈拍数にしなければなりません。試合前のウォームアップで試合と同じ脈拍数にするには、**普段の練習から体を慣らします。**

効くツボ
1. 落ちた瞬間に次のボールを
2. 心拍数をあげつつボールタッチ
3. 連続プレーを取り入れる

効くツボ 1

ボールが落ちた瞬間に次を入れて、心拍数を高める

ボールデッド(ボールが床に落ちる)すると、そのボールに悔やんだり、ボール拾いに走りがち。落ちたボールは1失点でおしまい。落ちた瞬間にすぐ次のボールを入れれば、心拍数はあがります。また、選手は前を向くようになり、次の展開に集中します。試合への意識にも好影響を与えます。

効くツボ 2

心拍数をあげながら、すぐにボールタッチする状況を作る

ウォームアップからボールを使って直上パス、ボールタッチのあとに床に寝転ぶなど、別の動作を入れることで、運動強度をあげます。心拍数をあげながら、すぐにボールタッチをしなければならない状況が作れるので、試合中のボールタッチの心理状態に近いものを作ることができます。

効くツボ 3

一度でボールタッチを終わらせない

心拍数をあげてボールコントロール能力を高めるには、いちどでボールタッチを終わらせません。対人パスで、ボールを直上にあげてから相手に返す、ボール2個で行うなどいろいろあります。ネット越しで1対1の3タッチゲームも、ブロック以外のすべてが含まれるドリルです。

やってみよう
筋肉を無酸素系運動で刺激

心拍数をもっとも短い時間であげるには、体幹部の筋肉(腹筋、背筋)に刺激を与えることです。また、与える刺激も、無酸素系運動(短時間で瞬間的に強い力が必要な運動)による刺激が、より効果的です。

できないときはここをチェック ✓

実際に心拍数を計りながら、練習をしてください。どのドリルに、どれだけの負荷がかかるのか、各自で確認することが大切です。

ポイント **41** ▶▶▶ ゲームコントロール 戦術編

ボールデッド中のわずかな時間は、情報の収集と交換にいかす

> **ココが直る** 試合経過に従って、雰囲気が激しく変わるチームの感情的なムラを、少なくさせる。

ネットを挟んで心理的な駆け引き。感情は小出しに

　スポーツに取り組む時間は、日常生活から離れ、心身ともにリフレッシュの機会となります。対戦相手に感情が爆発することもあるでしょう。しかし、**試合に勝つなら、あまり感情的になってはいけません**。ときには対戦相手とはネットを挟んで心理的な駆け引きをするので、感情は小出しにします。そして、ボールデッド中のわずかな時間は、次のプレーへの情報収集に役立てます。

効くツボ
1. 徹底的に情報を集める
2. ボールデッド中に情報交換
3. あまり悔やまない

効くツボ 1

相手のフォーメーション、目線など徹底的に情報を集める

ボールデッドで得点すれば、チームは喜ぶし失点すれば沈みます。しかし所詮はたった1点のことです。ボールデッドのあと、サーブまでに得られる情報はたくさんあります。情報の9割は目から入ってくるので、相手のフォーメーション、目線、ベンチの様子など、徹底的に情報収集します。

効くツボ 2

ボールデッドのあいだに情報交換する

9人の選手が、それぞれの感覚で収集した相手の情報を、ボールデッドのあいだにお互いに交換します。相手スパイカーの調子やクセなどを、レシーバーからブロッカーに伝えてあげたり、ブロッカーがサーバーへサーブ位置を指示したりします。これらを戦術決定の要素にしてください。

効くツボ 3

マークされないようにあまり悔やまず、引きずらない

感情が不安定になったりネガティブになったりしていると、ミスしやすくなります。あまりにも悔やんでいたり、引きずったりしていると、相手にマークされてしまいます。コート上の選手がネガティブになると、ボールに触れたくない感情も起こります。それを見せてしまってはいけません。

やってみよう
ボールデッド後すぐ次を入れる

普段の練習から、一喜一憂の時間を取らないように、ボールデッドしたらすぐ次のボールを入れて、ハイテンポの練習をしてください。同時に心拍数もあげることができるので、非常に効率良く練習できます。

できないときはここをチェック ✓

ミスを受け入れられないときに、悔やんだり、照れたりするのは、明確な目的を持った練習ができていない証拠。目的意識もって、原因分析に臨もう。

ポイント 42 ▶▶▶ ゲームコントロール 戦術編

連続得点を狙うには
ミス前提でがむしゃらに打たない

 レシーブも、攻撃も良いのにどうしても勝てない、というチームのヒントになる。

サーブミスのリスクを無視しない

試合での得点形態を調べると、**勝利への近道は連続得点**しかありません。ママさんバレーでは、サーブを2本打つことができます。結果、1本のサーブミスは仕方のないこと。ただ、せっかく2回チャンスがあるのに、とにかく強くて速いサーブが打ちたいあまり、ミス前提でがむしゃらに打っていないでしょうか。強打はアンコントロールということではありません。せっかくのチャンスは2回いかしきれるように、連続得点を狙ってください。

効くツボ
1. ほかにも目を向ける
2. 攻撃させないサーブを打つ
3. 細分化して攻撃

効くツボ 1

サーブレシーブ以外の得点チャンスにも目を向ける

サーブレシーブからの攻撃は、長時間練習されます。それぞれの技術練習（サーブレシーブ、トス、スパイク、コンビ）、そして、その流れ全体を通した練習です。しかし、どんなに複雑なことができるようになっても、1プレー1点に過ぎません。それ以外の得点チャンスにも目を向けます。

効くツボ 2

連続得点のカギは、攻撃させないサーブを打つこと

連続得点のカギは、サーブ。自チームがディフェンス局面です。まずは、サービスエースですが、エースを取ることがミスのリスクを高めるのであれば、相手の攻撃を機能させないサーブを狙います。スパイカーに打ち込む、セッターの苦手な所に打つ、パターン化した所に打つなどあります。

効くツボ 3

ブロックとカウンターアタックを細分化して攻撃を展開する

相手の攻撃を機能させないサーブの次は、ブロックとカウンターアタック（切り返し攻撃）です。どう跳んだらブロックポイントが狙えるか、相手スパイカーの打ちどころを限定できるか、その位置にレシーバーが入れるのか、取ったらどんな攻撃展開できるか、考える要素を細分化します。

やってみよう
サーブチャンスを試し打ちしない

コートに入るかどうかわからない、けれどもとにかく速いサーブが、良いサーブとはいえません。サーブは1本目から勝負です。試し打ちのように使わず、2本のサーブチャンスを有効に使ってください。

できないときはここをチェック ✓

狙った所に、狙った軌道、思ったスピードでサーブを打つことが肝心です。ポイント1と2を見直しながら、サーブ練習の機会を多く作りましょう。

知っているとひとつトクをする
点数の動きは4タイプのみ　RANKING

試合で勝つには、点数を取ること。
当たり前と思われがちですが、点数の取り方を
説明できる人は意外と少ないんです。

「取る」
サーブ・ブロック・スパイクの3つしかありません。サーブ権がなければ連続得点はありませんので、サーブとブロックを強化します。

「あげない」
自チームのミスで相手に楽をさせる必要はありません。1点でも相手にあげないことを目標にしつつも、臆病なプレーにならないことが重要です。

「もらう」
相手チームのミスなので、これはラッキーポイントです。この得点についてはあまり期待せず21点全てチームの力で取りにいきます。

「取られない」
相手チームに得点されてしまうことは仕方ありません。相手チームよりも先に21点を取るために得点し、失点しない方法を考えます。

3つを強化するために練習

得点を争う競技において得点の入り方は4つしかありません。①点数を取るというのは勝つためのバレーです。逆に②点数をあげないのは負けないためのバレーです。③点数をもらうというのは相手チームによって変わってきます。④点数を取られないというのは勝つためのバレーであり、負けないためのバレーです。この点数を「取る」、「あげない」、「取られない」という3つを強化するための練習が、メニューに盛り込まれていることが重要です。ディフェンスばかりやっているチームは、負けないバレーはできても得点を取れない場合が多く、オフェンスばかりやっているチームは、多く得点ができても失点も多いものです。

チーム全体が目標意識を
ゲームコントロール
チームプレー編

連続的な動きの流れで作る三角形と、自分と前後左右の選手で作る三角形。
どちらもバレーボールのポジショニングに必要不可欠。

PART 5

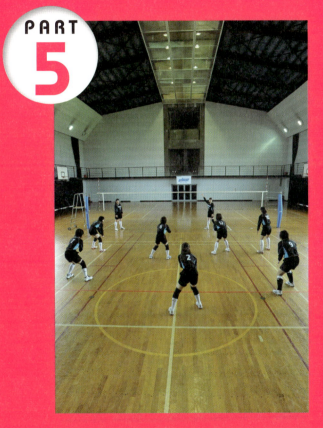

ポイント		
43 三角形のポジショニングで 動きを良くし、あきスペースをなくす —104	**46** 守備の苦手な選手を狙い オフェンスがディフェンスを助ける —110	**49** ジャンプせずアタックを打つ ゲーム練習でラリーを意識 —116
44 セカンドタッチは9人で ていねいな逆サイドへのトスを心がける —106	**47** 守備側と攻撃側との試合で 自チームの弱点を見つける —112	**50** サーブ、ブロック、 カウンターアタックで勝つ —118
45 セカンドタッチしない 選手は、積極的にスパイクを打つ —108	**48** 人数が少ないチーム練習でも 人数差とポジション限定で実力を伸ばす —114	

ポイント 43 ▶▶▶ ゲームコントロール チームプレー編
三角形のポジショニングで動きを良くし、あきスペースをなくす

> **ココが直る** 三角形を意識してプレーの流れをつかみ、効率よく攻撃につなげていく。

9人それぞれの選手と結んで、無数の三角形を作る

　バレーボールでは3回触って返球するので、三角形を意識します。連続的な動きとして **Before（前）— During（最中）— After（後）** という流れの中の三角形と、自分と前後左右の選手との位置で作られる三角形です。

　9人それぞれの選手と結べば、三角形は無数にできます。バランス良くできれば、コート上にあきスペースはほとんどできません。そこを定位置にポジション取りをします。

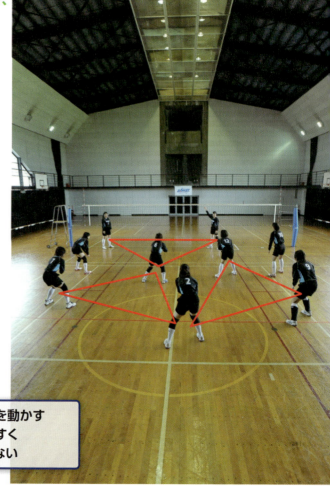

効くツボ
1. 大きい三角形で相手を動かす
2. 三角形で見て狙いやすく
3. 三角形であきを作らない

効くツボ 1

三角形が大きいほど
相手チームを大きく動かす

自分がボールを触る（During）、前に触る選手（Before）、後に触る選手（After）という3人の流れを押さえます。とくに、トスをあげるとき、前後に触る選手とできる三角形の面積が大きいほどボールがコート上を広く動いていることになり、相手チームも大きく動くことになります。

効くツボ 2

ターゲットを面にして
レシーブを狙いやすくする

ハーフを2人置くチームの場合、ハーフの2人とセッターとの間にできあがる三角形の中をターゲットに、パスを返すようにします。違うフォーメーションであっても、ターゲットを2人で作る線ではなく、3人で作る面にすることで、レシーブの精度に自信がない選手でも狙いやすくなります。

効くツボ 3

三角形を結ぶ位置取りで
あきを作らず、ぶつからず

レシーブのときに横に移動する場合、隣の選手とぶつからないように前後したり、向きを変えたりしてポジションを取ります。ほかの選手とぶつかるような位置取りをしてしまうと、どこか違うスペースにあきが出ます。効率よく守るために、三角形を結んでポジションの確認をします。

やってみよう
妙なズレや誤差は声がけで調整

ある程度フォーメーションはパターン化できるので、定位置を決めておくことは重要です。しかし、ゲーム中には微妙なズレや誤差が当然起こります。声をかけてそれを微調整するのは、選手全員の役割です。

できないときはここをチェック ✓

ディフェンスのときには、まず自分の両サイドの選手と一直線に並ばないように調整をして、ポジション取りをしていきます。

ポイント **44** ▶▶▶ ゲームコントロール チームプレー編

セカンドタッチは9人で
ていねいな逆サイドへのトスを心がける

 ワンタッチのあとはセッターがコート上に9人いるという意識で、攻撃につなげる。

セカンドタッチをトスに
できるかどうかが勝負のカギ

　ブロッカーがワンタッチを取ってくれた場合、次に触るボールがセカンドタッチになります。ポイント35でも述べたように、セカンドタッチをトスにできるかどうかが勝負のカギ。そして、ワンタッチのあとはコート上のだれもが触るチャンスをもっています。**「私がセッターだ」**というくらいの強い意志で積極的にトスをあげましょう。たとえエースアタッカーでも、セカンドタッチのときは逆サイドへていねいにトスをあげることが重要です。

効くツボ
1. 高いトスをあげる
2. 無理せず、ゆっくりと
3. ブロック後にすばやく判断

効くツボ 1

あげやすいサイドへ高いトスをあげる

全員がトスをあげるといっても、難しいコンビをやるということではありません。レフト側にいる場合はライト側へ、ライト側にいる場合はレフト側へというように、トスをあげやすい方向へ楽に、かつていねいに落ち着いて高いボールをあげれば、スパイカーにとってじゅうぶんなトスになります。

効くツボ 2

無理をせずゆっくりとサイドへあげる

元々セッターではないので、無理をするとトスミスにつながり、チャンスを台無しにしてしまいます。ワンタッチの後なので、ボールにも回転がかかっていてコントロールしにくいのです。なので、自分と反対のサイドへ高くゆっくりとしたボールをあげるようにします。

効くツボ 3

ブロックに当たった直後のボールの動きをすばやく判断

ブロックのワンタッチのあとは、ボールがどこに飛ぶのか、どんな勢いや回転で飛んでくるのか、それはその瞬間にならないとわかりません。ブロックに当たった直後のボールの動きをすばやく判断し、自分の次に触る選手（スパイカー）が落ち着いてプレーできるようにコントロールします。

やってみよう
ストレッチボールで様々な軌道に

ストレッチボールをブロックの位置にセットして、それに向かってスパイクを打てば、いろいろなところに飛びます。予測できないようなボールの動きに反応してトスをあげる練習を取り入れてみましょう。

できないときはここをチェック ✓

こっちかなと思ってもボールが実際に動くまでじっと待ちます。予測をして動かないことが、すばやく反応することにつながるからです。

ポイント **45** ▶▶▶ ゲームコントロール チームプレー編

セカンドタッチしない選手は、積極的にスパイクを打つ

　今までパスで返していたのを打って返し、相手からの攻撃を少しでも崩していく。

いちばん近くにいる選手が打って返す

　ポイント44で述べたように、セカンドタッチの可能性がある選手全員がセッターであるのならば、セカンドタッチをしない**残り8人の選手は全員スパイカー**です。どうしてもコントロールしきれず、狙ったスパイカーのところへボールがいかない場合は、いちばん近くにいる選手が打って返せば、結果としては攻撃につなげたのと同じこと。全員が打つ準備をし、常にセカンドタッチ以外の選手はスパイクを打つという意識をもちます。

効くツボ
1. ジャンプしなくても打って返す
2. 相手を崩す返球＝スパイク
3. 得点を意識して積極的に攻める

効くツボ 1

ジャンプしなくてもいいので、打って返す

前述のように、トスをあげない選手は全員がラストボールを返球する可能性があります。それをジャンプしなくてもいいので、打って返すことが重要です。打つ姿勢を見れば自然とディフェンダーは構えてしまうので、それだけで相手チームにじゅうぶんなプレッシャーをかけることができます。

効くツボ 2

相手を崩すような返球もスパイクと意識する

打てないという選手は、「スパイク＝決める」というイメージが強すぎます。決めることがスパイクの全てではありません。相手の態勢を崩し攻撃できなくさせてイージーボールを返球させることもスパイクです。「相手を崩すような返球＝スパイク」と意識を変えていくことが大切です。

効くツボ 3

ラストボールを返球するときは得点を意識して積極的に攻める

たとえバックプレーヤーでも、ラストボールを返すということは、サーブと同じく得点のチャンスがあるということです。ポジションに関わらず、得点できる選手が多くいるチームが強いのは当然です。ラストボールを返すときはポジションに関係なく、得点を意識して積極的に攻めます。

やってみよう
どんな態勢、ボールでも打ち返す

ラストボールは、どんな態勢でどんなボールでも打って返すなどのルールを決めてゲームをしてみましょう。意識が変われば打って返球することが、そんなに難しくないことに気づくはずです。

できないときはここをチェック ✓

サーブでネットを越えるのであれば、じゅうぶんに攻撃に参加することができます。サーブと同じ感覚で返球してみましょう。

ポイント **46** ▶▶▶ ゲームコントロール チームプレー編

守備の苦手な選手を狙い
オフェンスがディフェンスを助ける

ココが直る 強烈な攻撃力をもっていても、なかなか勝てないチームでも試合の主導権が握れる。

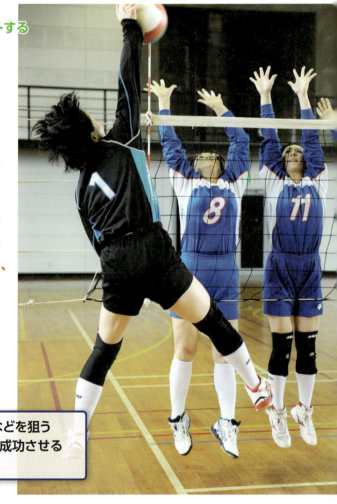

**効果的なオフェンスで
味方ディフェンスをサポートする**

　攻撃は最大の防御になります。ディフェンスを苦手としているチームは、攻撃力をアップさせて、相手チームを崩します。さらに、相手から攻撃される範囲を狭くするなどして、ディフェンスを楽にすることを考えていきます。
オフェンスとディフェンスの2つが、互いに助けあうことで、相乗効果を高め、得点につなげていきます。

効くツボ
1. 守備の苦手な選手などを狙う
2. ラリーを続け攻撃を成功させる
3. 弱点を攻め続ける

効くツボ 1

カウンター攻撃をさせないよう
守備の苦手な選手などを狙う

オフェンスは得点する気持ちが強いあまり、失点したときのショックがチーム全体に波及します。相手にディフェンスされることを前提とし、相手のカウンター攻撃で得点されないように、自らの攻撃を考えます。守備の苦手な選手や、相手のフォーメーションの逆を突くといった発想です。

効くツボ 2

全試合でラリーを続けて、
攻撃を成功させることが大切

試合全体でチームの平均スパイク決定率は、5割に満たず、約2〜4割程度と考えられます。となると、約6割がボールデッドにならず、ラリーが続いているのです。スパイク決定率をあげることは大切ですが、守備側がラリーを上手く続けていくことで、試合の主導権がつかめます。

効くツボ 3

弱点を見つけたら徹底して
そこを攻め続ける

攻撃して得点にならなくても、レシーバーが慌てていた、相手のフォーメーションがずれてきた、セッターが動きだした、など変化が見えたら、徹底してそこを攻め続けます。そこが弱点だったり、弱点すら気づかずに強化をしなかった可能性があります。全員で相手をよく観察することです。

やってみよう
打つ瞬間に周辺視を駆使する

打つ瞬間に、相手のブロックやディフェンスの位置を見てください。ボールから目線を切って観察するには時間がないので、ボールに焦点を当てながら周辺視で見えるように、練習の時から行います。

できないときはここをチェック ✓

得点する気持ちが強すぎてはいけません。決めたいという責任感もわかりますが、あせらずラリーをつなげば得点チャンスも増加します。

ポイント **47** ▶▶▶ ゲームコントロール チームプレー編

守備側と攻撃側との試合で自チームの弱点を見つける

 コーチがいないチームでも、自らを理解してチーム作りを進めることができる。

チーム全体の目標を常にもつことが必須

　自分たちのチームを知るには、コーチなどの客観的な立場の人がいてくれないと、なかなかわかりません。また、練習試合などを数多くこなすことで、他チームとの比較ができ、自チームの理解が進む場合もあります。しかし、ここでは**通常練習のドリルによってチームの力を主観的に理解**し、次へのプロセスを練ることができるようにします。そのためには、チーム全体の目標を常にもっておくことが必須です。

効くツボ
1. 負荷を与えて、攻守で戦う
2. 守備の勝ち→フェイントで攻撃
3. 守備の負け→ブロックを交える

効くツボ 1
守備側と攻撃側で戦い、負荷を加えて弱点をみつける

守備側と攻撃側の戦いをします。人数に差をつけたり、エリアの制限をつけるなどして、負荷を加えます。こうして状況を変えることによって、自分たちのチームの弱点をあぶりだすことができます。ここで発見された弱点を、個人技術練習にフィードバックさせれば、チーム力は向上します。

効くツボ 2
守備側が勝つなら強打一辺倒をやめ、フェイントでも勝負

このドリルをして、守備側が常に勝ってしまうチームは、攻撃力がないということがわかります。強打一辺倒ではなく、フェイントをしたり、相手のミスを誘う攻撃をしたり、ブロックがあればブロックアウトを狙ったりなど、様々な選択肢があります。自分たちでできる工夫をしてください。

効くツボ 3
守備側が負けるならブロックを交えて好勝負できるか確認

逆に、いつも守備側が負けるのなら、ブロックを交えて再戦します。これで好勝負できたのなら、守備はレシーブ力だけでなく、ブロック力も必要だと理解できます。また、レシーバーがボールをよく見ないため、相手アタッカーやセッターの動きもわからないといった弱点もわかります。

やってみよう
守備側と攻撃側の人数を不均衡に

守備側と攻撃側の人数を不均衡にしてみてください。また、守備側は2本返しなど条件を厳しくすることで、難易度をあげることができます。ポイント48も参考にしてください。

できないときはここをチェック ☑

パスゲームからでもかまいません。ネットを挟んでの駆け引きを身につけることを第一目的にして、練習をしてください。

ポイント 48 ▶▶▶ ゲームコントロール チームプレー編
人数が少ないチーム練習でも人数差とポジション限定で実力を伸ばす

> **ココが直る** コーチがいないチームでも、目的をもたせて、チーム作りを進めることができる。

参加する人数は練習の狙いによって変化させる

チームでゲーム練習をしたくても、練習に集まれる人数の問題もあります。そこで、9対9ではない人数でゲーム練習をします。とくに、**両チームの人数を不均衡にする**ことで、負荷をかけたり、人数不足を解決したりします。

人数、練習の狙いによって変化させます。攻撃力向上のためなら4〜5人（セッター含む）対9人のゲーム、守備力向上のためなら、5（そのうちブロック2人）対6（セッター含む）など、自由に人数配分します。

効くツボ
1. 人数差をつけて強化させる
2. 勝つのに必要なことを見つける
3. ポジションを限定する

効くツボ 1

人数差をつけてブロックの強化や個人能力を引き出す

ブロック力強化のために、5人（ブロック4人）対9人で、攻撃されるコートの広さを制限します。また、2対9で、2人に焦点を当てたゲーム練習によって、個人能力も強化されます。ママさんバレーにはないバックアタックによるゲームも有効です。

効くツボ 2

少人数チームが勝つにはサーブの得点や相手を崩すことが重要

人数差プレーで、少人数チームが勝つために必要なことも浮き彫りになってきます。とくにサーブによる得点や相手を崩すことが、いかにチームを楽にさせるかよくわかります。これは、9対9の試合をやっていても同じです。普段は人数が多いためありがたみがあまり感じられないだけです。

効くツボ 3

ポジションをあえて限定して個人技術と心構えを養う

ポジションを限定した練習も効果的です。例えば、セッターを外したチームは、レシーバー、スパイカーなどだれかが代役をつとめます。ルール上、ポジションはなく、勝つために便宜上配置したのが、ポジションです。なので、ポジションにとらわれず自由にプレーする心構えが必要です。

やってみよう
状況設定を作ってからゲーム

コーチがボールを入れる環境があれば、2本目からプレー、ネット上の押しあいからのゲームなど、状況設定を作ってゲームします。2連続得点をして初めて1点が入るウォッシュゲームも楽しめます。

できないときはここをチェック ✓

どういう負荷設定の組み合わせのときに、何のプレーができないのか、そこを観察していきます。そうするとチームの弱点が見えてきます。

ポイント ▶▶▶ ゲームコントロール チームプレー編

ジャンプせずアタックを打つ
ゲーム練習でラリーを意識

> **ココが直る**　下に打ち込むクセを解消し、体の負荷を減らして、ジャンプ攻撃できるようになる。

体力温存のため
セット数を多くこなせる

　ポイント7でも紹介したように、ジャンプをしないスパイクを実戦で使えるように、ラリーでの練習をします。ジャンプしないと、体への負荷が少ないため、セット数を多くこなせます。そして、すべての選手がスパイカーポジションで練習することができ、視野が広がります。

　また、下に打ち込んでしまうスパイクフォームが直せます。**スパイカーは高さに頼ることができないので、自然と工夫する**ことが学べます。

効くツボ
1. ジャンプをしないスパイク練習
2. 複数の選択肢を用意し、選ぶ
3. 観察し分析、決断して工夫

効くツボ 1

跳ぶブロッカーに対して、ジャンプをしないスパイク練習

ブロッカーには普通に跳んでもらい、ジャンプをしないスパイク練習をします。スパイカーは、ブロックを利用したり、かわしたりする技術を養うことができます。また、低い打点から打つので、下に向かわず、コートの奥を狙った攻撃をすることができます。

効くツボ 2

複数の選択肢を用意し、的確な攻略法を選ぶ

慣れてきたら、守備側にレシーバーも配置して、攻撃します。相手コートの人数が増えて、決定率がさがります。そのため、状況に応じた複数の選択肢を用意し、的確な攻略法を選びます。コース打ちやリバウンドも含めて、様々な戦術を駆使してください。

効くツボ 3

すべての事象を観察し分析、そして決断し、工夫する

9対9でジャンプせずに行います。得点機会をうかがうことも大切ですが、自分から点を取りに行く工夫も大切です。ブロックの弱点や、コート上の穴など、すべての事象を観察し分析、そして決断し、工夫をしてください。不利な状況だからと諦めないでください。

Let'sやってみよう
ジャンプなしスパイクのゲーム

ジャンプなしスパイクのゲームでは、コートを任意（2分割、4分割など）のエリアに分けて、打球方向を制限してください。人数が足りなくても使えるゲーム形式の練習です。

できないときはここをチェック ☑

トスのボールは加速度がつき、一定のスピードで落ちてきません。プレッシャーがかかると忘れがちになるので、タイミング良くスパイクします。

ポイント **50** ▶▶▶ ゲームコントロール チームプレー編

サーブ、ブロック、カウンターアタックで勝つ

 勝つために考えすぎていて、複雑になっていったチームをシンプルに強化する。

サーブが機能すれば、残りの2つにも相乗効果がでる

ママさんバレーで勝つためには、サーブ、ブロック、カウンターアタックが重要です。もちろんその他のレシーブやコンビネーションがいらないわけではありません。

例えばレシーブ力が低いにもかかわらず強いチームは、最初に挙げた3点に長けている可能性があるのです。中でもサーブが機能すれば、残りの2つにも相乗効果が表れます。**サーブの強化を進めてから、次の技術に肉づけ**します。

 1. サービスエースは狙わない
2. 得点、レシーブさせるブロック
3. 位置を調整して攻撃参加

効くツボ 1

ミスにつながりやすい
サービスエースは狙わない

サーブが機能すればブロックは容易になり、相手の攻撃が弱まればカウンターアタックでの得点チャンスが増えます。そのためサーブはとても重要です。ただ、ミスにつながりやすいサービスエースは狙わないようにしてください。エースはあくまでボーナスです。

効くツボ 2

得点を取るブロック、レシーブ
をさせるブロックを使い分ける

ブロックはそれ自体で得点できるので、攻撃であると同時に、味方の守備を助ける脇役でもあります。この二面性を使い、試合の流れやトスの状況で得点するブロック、レシーブをさせるブロックを使い分けます。上級者は、相手に思った所に打たせるブロック技能も駆使します。

効くツボ 3

スパイクの動き、位置を調整
することも攻撃参加になる

レシーバーがレシーブをした瞬間、守備にいたチームが攻撃になります。これをスムーズにするには、全員で攻撃参加します。これは、セッター以外の8人がスパイク助走をするわけではありません。スパイク後起こりうる事象を想定し、ある程度位置を調整しておくことも攻撃参加です。

やってみよう
違う場面から2球連続で行う

サーブや、ブロック、カウンターアタックから始まる流れでのゲーム練習をします。さらに、サーブとブロックというようにそれぞれ違う場面から2球連続でも行ってください。

できないときはここをチェック ☑

サーブをコントロールして打てるようになるには、個人の練習量と集中度によります。ポイント1と2をもういちど参考にしましょう。

実戦テクニックが身につく!
勝つ! ママさんバレー 上達のポイント50

すべての「ポイント」と「ツボ」を一覧にしました。
ここに技術が凝縮されています。
ひととおり読み終えたら、練習に切り取ってもっていき、活用してください。

PART1 ボールコントロール

ポイント 01 選手全員が得点を意識してサーブを打つ P12		効くツボ 1	オーバーレシーブできない所へ
		効くツボ 2	アンテナ頂上～白帯の間を狙う
		効くツボ 3	ターゲットは常に小さく
ポイント 02 サーブは1本目が勝負 2本目では相手を崩す P14		効くツボ 1	あいたコースを狙う
		効くツボ 2	意識しなくても狙える
		効くツボ 3	2本目は60～80%の力で
ポイント 03 下半身を先に動かすことでスムーズにボールの落下点に入れる P16		効くツボ 1	移動とパスで構えを変える
		効くツボ 2	つま先とヒザは少し外に向ける
		効くツボ 3	常にボールに対して正対する
ポイント 04 足首のバネで高さを調整し手首で距離を微調整 P18		効くツボ 1	足首と手首でコントロール
		効くツボ 2	眉毛の辺りが親指の位置
		効くツボ 3	いち早く落下点の下へ
ポイント 05 身体の中心線よりずらしてボールに当て、腕の角度でコントロール P20		効くツボ 1	視界に入るエリアでタッチ
		効くツボ 2	中心線からずらしてタッチ
		効くツボ 3	強打→90度近く、軟打→水平に
ポイント 06 指と手首を固定しヒジでボールの軌道を調整する P22		効くツボ 1	両腕を高めにセット
		効くツボ 2	人差し指のつけ根でとらえる
		効くツボ 3	手首と指を固定する
ポイント 07 相手の動きやコースを見極めて、スパイクを打つ P24		効くツボ 1	ジャンプをせずに打つ
		効くツボ 2	広い視野と余裕をもつ
		効くツボ 3	エンド、サイドラインを狙う
ポイント 08 多少乱れたトスでも関係なく打ち抜いてラリーを制す P26		効くツボ 1	長いコースで通過点を高く
		効くツボ 2	手のひらの中心でとらえる
		効くツボ 3	アウトになるコースへ打たない
ポイント 09 フェイントでブロックに当てたり、相手の背中近くへ狙って落とす P28		効くツボ 1	ブロックにわざと当てる
		効くツボ 2	背中のすぐ近くに落とす
		効くツボ 3	フォームを変えない
ポイント 10 ラストボールの返球では攻撃的にスパイクやあきスペースを狙う P30		効くツボ 1	可能な限りスパイクで返球
		効くツボ 2	返球の方法を変える
		効くツボ 3	選手がいないスペースを狙う

ポイント11 ブロックにわざと当て、 ボールの軌道をわかりにくくする P32		効くツボ1	両端の腕1本と勝負する
		効くツボ2	ボールの軌道と落下点を確認
		効くツボ3	パワーを抑えブロックに当てる
ポイント12 ブロックは、ボールの落下点 とスパイクポイントをいち早く察する P34		効くツボ1	手の出し方を工夫
		効くツボ2	跳びあがるのにあわせて跳ぶ
		効くツボ3	跳ぶ位置を決定
ポイント13 ネット上では、ブロックに 当てて態勢を立て直し、良い状態で攻める P36		効くツボ1	無理のないプレーを選ぶ
		効くツボ2	良い態勢でボールに触る
		効くツボ3	下へ落としたり浮かせたりする
ポイント14 ネットに当たったボールの 動きを利用して、ゲームの流れを作る P38		効くツボ1	当たったあとの動きを知る
		効くツボ2	真ん中辺りへ下から当てる
		効くツボ3	つなぎは高めにパス
ポイント15 強打には、ケガをしない ようにオーバータッチを活用する P40		効くツボ1	すべての指を上方向に
		効くツボ2	中心線より前、カカトに重心
		効くツボ3	強いボールは力で押し返さない
ポイント16 ブロック位置へ速く移動し 垂直に跳ぶことで、ケガを防止する P42		効くツボ1	手のひらを少し反らす
		効くツボ2	垂直に跳ぶ
		効くツボ3	指は必要以上に広げない
ポイント17 ヒジを曲げずに打点を高く 手の中心部分でジャストミート P44		効くツボ1	手とボールの中心をあわせる
		効くツボ2	ヒジを曲げずに打点を高くする
		効くツボ3	ボール回転でコントロール

PART2 ネクストタッチコントロール

ポイント18 ネットをはさんだ対人パス で、実戦を意識しながら相手を観察する P48		効くツボ1	対人パスで実戦をイメージ
		効くツボ2	打つ側のコントロールを優先
		効くツボ3	目線や動きのクセを見つける
ポイント19 攻撃につなげるブロックで 少し角度を付け、コースを絞り込む P50		効くツボ1	ジャンプせずブロックできる
		効くツボ2	ほんの少し角度を付ける
		効くツボ3	手のひらの方向に跳ね返る
ポイント20 二段トスは両サイドの ポールをターゲットにする P52		効くツボ1	両サイドのポールがターゲット
		効くツボ2	センターにあげるのを避ける
		効くツボ3	ハーフはスパイク準備
ポイント21 ゆっくりしたパスから速攻へ セッターへのパスは周囲1歩以内に P54		効くツボ1	セッター近くにボールの頂点を
		効くツボ2	ゆっくりとしたパス→速攻
		効くツボ3	返球はセッターの周囲1歩以内
ポイント22 ブロックを抜かせてレシーブ するとき、レシーブエリアに3人で入る P56		効くツボ1	遠い距離を打たせる
		効くツボ2	レシーブエリアに3人入る
		効くツボ3	あいだにレシーバーを入れる
ポイント23 ブロック直後に攻撃に入る には、自らプレーする意識と短く速い助走 P58		効くツボ1	必ず自分がプレーする意識で
		効くツボ2	短く速い助走、体の動きに注意
		効くツボ3	ハーフがアタックで攻撃
ポイント24 リバウンドを利用するには 事前の周知と、パワーのセーブも大切 P60		効くツボ1	手に向かってまっすぐ打つ
		効くツボ2	味方に周知させておく
		効くツボ3	セーブしてフォローしやすく

PART3 セルフボディコントロール

ポイント			効くツボ 1	コントロールの調子を整える
25	ウォーミングアップで実戦に慣れつつ、モチベーションUP	P64	効くツボ 2	実戦と同じ軌道に慣れる
			効くツボ 3	次の動作に切り替える

ポイント			効くツボ 1	得意な方向を広げる
26	自分のディフェンスエリアを前後左右に周囲3歩程度でとらえる	P66	効くツボ 2	苦手方向から得意な方向へ
			効くツボ 3	グレーゾーンの程度を知る

ポイント			効くツボ 1	無駄に動かない
27	無駄に動かず、役割をはっきりさせて省エネプレーを実践	P68	効くツボ 2	選手の可動域などを把握する
			効くツボ 3	役割をはっきりさせる

ポイント			効くツボ 1	リラックスして踏み込む
28	動きはすべて「脱力→入力」上半身のリラックスが爆発力を生む	P70	効くツボ 2	「上虚下実」(じょうきょかじつ)
			効くツボ 3	ヒジと肩に力を入れない

ポイント			効くツボ 1	周辺に見える情報を集める
29	ボール2個パスで目を慣らし周辺視野・動体視力を養う	P72	効くツボ 2	直前に相手の顔を見る
			効くツボ 3	切替点を滑らかにつなぐ

ポイント			効くツボ 1	動けるように段階を踏む
30	打球を追って動けるように「触れない」から「あげる」まで段階を踏む	P74	効くツボ 2	予測し動かない→反応して動く
			効くツボ 3	いつでも動ける自信をもつ

PART4 ゲームコントロール 戦術編

ポイント			効くツボ 1	スピードの緩急をつけた配置
31	サーブのローテーションはうまい選手を立て続けに並べない	P78	効くツボ 2	良いサーバーに多く打たせる
			効くツボ 3	セット終盤に攻めるサーブ

ポイント			効くツボ 1	ハーフがフォワードにあがる
32	フォワードの選手がサーブのときは、違う選手が代わりにブロック	P80	効くツボ 2	サーブ後はバックかハーフへ
			効くツボ 3	ラリー中にポジションを元に戻す

ポイント			効くツボ 1	ブロック後入れ替わる
33	サーブのあとのセッターはハーフの位置で、補佐的役割と攻撃参加	P82	効くツボ 2	ラリー中は補佐的な役割をする
			効くツボ 3	ほかの選手と同じく攻撃参加

ポイント			効くツボ 1	遠距離トス→スパイク
34	ボールが集まるハーフにはオールラウンドプレーヤーを配置する	P84	効くツボ 2	オールラウンドプレーヤーを配置
			効くツボ 3	攻撃と第2セッターに分ける

ポイント			効くツボ 1	スパイクが打てるトスをあげる
35	セカンドタッチでのトスが難しければフロントゾーンへ高めにあげる	P86	効くツボ 2	フロントゾーンへ高めのボール
			効くツボ 3	スパイカーや相手の状況を知る

ポイント			効くツボ 1	周囲5m幅の攻撃を避ける
36	大きな動きを横軸で作り相手のブロックをずらす	P88	効くツボ 2	自分から遠いサイドにトス
			効くツボ 3	トスの高さに変化を持たせる

ポイント			効くツボ 1	セッターが後ろにさがるサーブ
37	セッターの判断を遅らせるサーブを打って、攻撃を限定	P90	効くツボ 2	判断が遅れる位置にサーブ
			効くツボ 3	スパイカーに1本目を触らせる

ポイント38 試合形式の練習で スムーズな技と技のつなぎや時間感覚を磨く	P92	効くツボ1	あらゆる技術を身につける
		効くツボ2	試合形式の練習を取り入れる
		効くツボ3	休憩はセット間程度
ポイント39 強いチームを作るには レベルにとらわれず全員参加の練習をする	P94	効くツボ1	全選手のレベルを超えた練習
		効くツボ2	複合練習をする
		効くツボ3	ボール拾いは全員で
ポイント40 試合で力を発揮するには 練習でも試合と同程度の脈拍数にする	P96	効くツボ1	落ちた瞬間に次のボールを
		効くツボ2	心拍数をあげつつボールタッチ
		効くツボ3	連続プレーを取り入れる
ポイント41 ボールデッド中のわずかな 時間は、情報の収集と交換にいかす	P98	効くツボ1	徹底的に情報を集める
		効くツボ2	ボールデッド中に情報交換
		効くツボ3	あまり悔やまない
ポイント42 連続得点を狙うには ミス前提でがむしゃらに打たない	P100	効くツボ1	ほかにも目を向ける
		効くツボ2	攻撃させないサーブを打つ
		効くツボ3	細分化して攻撃

PART5 ゲームコントロール チームプレー編

ポイント43 三角形のポジショニングで 動きを良くし、あきスペースをなくす	P104	効くツボ1	大きい三角形で相手を動かす
		効くツボ2	三角形で見て狙いやすく
		効くツボ3	三角形であきを作らない
ポイント44 セカンドタッチは9人で ていねいな逆サイドへのトスを心がける	P106	効くツボ1	高いトスをあげる
		効くツボ2	無理せず、ゆっくりと
		効くツボ3	ブロック後にすばやく判断
ポイント45 セカンドタッチしない 選手は、積極的にスパイクを打つ	P108	効くツボ1	ジャンプしなくても打って返す
		効くツボ2	相手を崩す返球=スパイク
		効くツボ3	得点を意識して積極的に攻める
ポイント46 守備の苦手な選手を狙い オフェンスがディフェンスを助ける	P110	効くツボ1	守備の苦手な選手などを狙う
		効くツボ2	ラリーを続け攻撃を成功させる
		効くツボ3	弱点を攻め続ける
ポイント47 守備側と攻撃側との試合で 自チームの弱点を見つける	P112	効くツボ1	負荷を与えて、攻守で戦う
		効くツボ2	守備の勝ち→フェイントで攻撃
		効くツボ3	守備の負け→ブロックを交える
ポイント48 人数が少ないチーム練習でも 人数差とポジション限定で実力を伸ばす	P114	効くツボ1	人数差をつけて強化させる
		効くツボ2	勝つのに必要なことを見つける
		効くツボ3	ポジションを限定する
ポイント49 ジャンプせずアタックを打つ ゲーム練習でラリーを意識	P116	効くツボ1	ジャンプをしないスパイク練習
		効くツボ2	複数の選択肢を用意し、選ぶ
		効くツボ3	観察し分析、決断して工夫
ポイント50 サーブ、ブロック、 カウンターアタックで勝つ	P118	効くツボ1	サービスエースは狙わない
		効くツボ2	得点、レシーブさせるブロック
		効くツボ3	位置を調整して攻撃参加

Epilogue
エピローグ

矛盾を埋めて勝利に近づく そして家族に応援してもらえる チーム作りを

　スパイクを決めなければ得点にはならないけれど、スパイクを決められてはいけない。サービスエースは取りたいけど、サービスエースを取られてはいけない。など、矛盾をいかに埋めるのかがチームの強さになります。自分がやられたくないプレーは相手もやられたくない、自分がやりたいプレーは相手もやりたいのです。客観的な視点で見ると、新しいアイデアが生まれるので、プレーが思うようにできなかったり、行き詰ったりしたときは、ビデオなどを使い、自分のプレーを観察、分析してみることも重要です。

　また、主婦として日常生活を過ごしているママさんたちにとって大切なことは、「家族に応援してもらえるチーム作り」です。バレーをしているあいだは、自分のためだけに時間を使っているといえます。それを認められ、応援してもらうには、家族の理解と協力が必要です。試合のときには、選手たちの家族が応援に駆けつけるようなチーム作りをしてください。そして、自分たちが一生懸命に取り組んでいるバレーボールの楽しさを、子どもたちにも伝えていってもらえたらと思います。そんなママさんたちを見た子どもが、未来の日本代表となる選手に育ってくれることを心より願っています。

監修

NPO法人 Club Tom（クラブ トム）

「バレーボールのおもしろさを一人でも多くの方に伝えたい！」という想いをもつメンバーが集まり、2005年12月以降バレーボールの普及活動を開始。ママさんバレーのチーム指導のほかにも講習会や交流会を開き、累計3500人以上の人たちにバレーボールの楽しさを伝え続けている。メンバーには、日本バレーボール協会名誉審判、日本体育協会バレーボール指導員、元プロバレーボール選手でFIVB公認コーチなどがそろう。東京都港区や仙台市でバレーボールアカデミーやママさんバレー大会の主催なども展開中。

NPO法人 Club Tom 公式ウェブサイト
http://clubtom.web.fc2.com/

鍬守知行（くわもり ともゆき）

都立高校で教鞭をとり、バレーボール部指導の傍ら、高体連で38年間、審判部、競技部の役員を務める。都協会、JVA役員としても活動、国際試合時の外国チームコーディネーターや大会運営に携わる。実業団リーグなどで主審を務め、98年にはJVA名誉審判員認定。2007年から部活指導のほか、Club Tom 前身の任意団体を立ちあげ、指導普及活動を進める。現在NPO法人 Club Tom 理事長。JVA公認コーチ。

諸隈英人（もろくま ひでと）

全国都道府県対抗中学バレーボール大会（さわやか杯）準優勝、春の高校バレー優勝、全国高校総体優勝、東日本インカレ優勝、関東1部春リーグサーブ賞を受賞している。日体協バレーボール指導員、バレーボールB級審判員、救命技能認定証（AED）の資格をもつ。地域を問わず小学生からママさん、ビギナーからアスリートまで様々なカテゴリーの指導を続けており、鎮西高校バレーボール部を春高バレーで準優勝、3位に導く。

田中伸篤（たなか のぶあつ）

大学を卒業後、単身渡欧、数カ国でトライアウトに参加し契約を得る。スイスをスタートして以来、ドイツ、フランスなど7か国でプレー。2001年には、FIVB（国際バレーボール連盟）公認コーチの資格を取得、デンマークやスウェーデンのクラブでは、選手の傍らジュニア育成や二軍監督を務める。海外のクラブ経験から、より楽しく指導し強くするテクニックを、NPO法人 Club Tom の活動において日々研究中。

モデル

SPIRIT（さいたま市北区ママさんバレーボールチーム）

幼稚園のママ友を中心に、平成16年秋に結成。勝負にこだわりつつも「楽しいバレー」がモットー。限られた時間で効率良く、そして楽しみながら上達できるよう練習メニューを考え、日々練習に励み、優勝を目指す。大会のあとは、打ち上げはもちろんのこと、家族ぐるみで参加できるイベントを行い、チームワークの向上にも努めている。

STAFF

【監修】
NPO法人 Club Tom

【取材・執筆】
宮崎 恵理

【撮影】
山田 高央

【デザイン】
沖増岳二、山浦理絵（elmer graphics）

【DTP】
小池 那緒子（ナイスク）

【編集】
ナイスク（http://www.naisg.com/）
岸 正章、山本 文隆

【モデル】
SPIRIT（さいたま市北区ママさんバレーチーム）

【協力】
日本シグマックス株式会社　株式会社モルテン

実戦テクニックが身につく！
勝つ！ママさんバレー　上達のポイント50

2019年2月20日　　　第1版・第1刷発行

監修者　NPO法人 Club Tom　（NPOほうじんくらぶとむ）

発行者　メイツ出版株式会社
　　　　代表者　三渡　治

〒102-0093 東京都千代田区平河町一丁目 1-8
TEL:03-5276-3050（編集・営業）
　　　03-5276-3052（注文専用）
FAX:03-5276-3105

印　刷　株式会社厚徳社

●本書の一部、あるいは全部を無断でコピーすることは、法律で認められた場合を除き、
　著作権の侵害となりますので禁止します。
●定価はカバーに表示してあります。
© ナイスク,2009,2019.ISBN978-4-7804-2141-5 C2075 Printed in Japan.

ご意見・ご感想はホームページから承っております。
メイツ出版ホームページアドレス　http://www.mates-publishing.co.jp/

編集長：折居かおる　副編集長：堀明研斗　企画担当：堀明研斗

※本書は2009年発行『試合で勝てる！ママさんバレー　上達のポイント50』を元に加筆・修正を行っています。